신유통혁명

후나이식 경영법

머 리 말

유통업계에서 나는 여러가지 문제점을 잘 제기하는 사람으로 유명하다.

나는 종종 유통업계 사람들의 상식과는 어긋나는 말을 한다. 그것은 가까운 장래에 대한 예측이 대부분인데, 근래 십수년 동안을 보더라도 비상식이라고 여겨지는 나의 예측 발언이, 100％라고 해도 좋을 정도로 정확히 실현되어 왔다.

예를 들면 다음과 같은 것들이었다.

1968～71년경, 유통혁명론이 한창 꽃피고 있을 때, '대량화 · 규격화 · 획일화를 추구하는 공업화 사회에서는 유통혁명이 절대로 일어나지 않는다' 라고 단언했고, '매스 메릿(merit)은 멀지 않아 매스 데메릿(demerit)이 되고, 지금의 대량 판매점은 대량 판매가 어렵게 된다'라고도 했다.

또 '지금과 같은 시대에 도매업은 유익하면 했지, 절대무익하지는 않다. 소매업이나 메이커보다 시류에 적합하다. 앞으로 몇년 동안은 취업자나 매상고에서도 유통업계는 도매업이 더욱 신장을 계속할 것이다'라고 예언했다. 당시의 대다수 상식인으로부터는 얼간이라는 말을 들었으나, 이런 나의 발언들은 정확하게 들어맞았다.

1972년부터 75년에 걸쳐서는, "표준점의 체인화(化)라고 하는 체인 스토어 이론이 앞으로는 최고의 점포 위치에서밖에 성립될 수 없게 된다. 앞으로는 일등 점포의 다점포화(多店舖化)가 바람직하다", "앞으로 몇 넌만 있으면 도매 기능을 갖지 않은 메이커나, 메이커 기능이 없는 도매상은 존재할 수 없는 가능성이 강하다" 하고 단언해 왔다. 이것도 매우 비상식적이라고 말을 들었으나 지금으로서는 상식이 되고 말았다.

그리고 1976~80년에 걸쳐서는, "도매업계나 소매업계에도 1상권 1입지(立地) 시대가 찾아온다. 하나의 상권 안에서 쉽게 장사할 수 있는 입지는, 그 상권 안에서 가장 매장이 넓은 종합점과 그 주변만으로 된다. 그 주변의 범위가 도매업에서는 수백미터, 소매업에서는 100미터 이내 정도로 될 것이다. 이 1상권 1입지의 예외는 초대상권(超大商圈)만이라고 할 수 있을 것이다." "아무래도 앞으로는 손님을 끌어들이기보다는 손님에게 가까이 가는 쪽이 손님에게 환영을 받을 것 같다. 끌어들이는 것과 가까이 가는 것이 손님에게 물건을 판다는 점에서는 같지만, 장사법으로서는 완전히 다르다. 그리고 경합을 한다면, 끌어들이는 장사법은 가까이 가는 장사법에 완전히 패하고 말 것이다"라고도 말해 왔다.

얼핏 보아 폭언 같지만, 예를 들어 소매업계에서는 다이에의 나까우찌(中內功)사장, 소고우의 미즈시마(水島廣雄) 사장, 마루이(丸井)의 아오이(靑井忠雄) 사장 등이 이것을 인정하고 지금은 실행으로 옮기려고 하는 것 같다.

이것들에 관해서는 이미 30권에 이르는 나의 저서와 각종 세미나 석상 혹은 연구회 등에서 발표한 것인데, 처음 발표했을 때는 매스 코뮤니케이션이나 유통 평론가들로부터 거의 무시되고 있었다. 그뿐만이 아니다. 유통업계 사람들 가운데서 제법 유식하다고 하는 사람들까지도 노골적으로 무시하든가, 나의 약점을 끌어당기려고 했던 것이다. 이 책에 대해서도 그럴 가능성이 있을 것이라고 생각한다.

그러나, 현실적으로는 내가 예측 및 예언한 대로 되었고 나의 말을 참고로 한, 내가 고문을 맡고 있는 기업은 업적이 급신장해서, 어느 사이엔가 경영 컨설턴트(유통 컨설턴트)로서의 나의 사업은 번창하기에 이르렀고, 내가 경영하는 일본 마케팅센터는 백여 명의 경영 전문가를 거느린 일본에서도 최대급의 컨설턴트 회사로 성장되기에 이르렀다.

고마운 일이지만 나의 발언은, 싫든 좋든 유통업계에 크나큰 영향을 끼치기 시작한 것 같다. 나 자신은 발언 내용에 매우 신중을 기하고 있으나, 그럼에도 어쩔 수 없이 물의를 빚는 일이 늘어가고 있다. 예컨대 나의 최근 발언으로 파문을 일으킨 것은 다음과 같다.

① 대형점의 분점 규제는, 결과적으로 소형점이나 영세점(零細店)의 목을 조이게 된다. 그 현상은 아마도 10년 안에 구체화 될 것이다.

② 마침내 새 유통혁명이 찾아온다. 그 하나의 현상으로서 1990년에는 소비자가 소비재를 구입하는 경우, 그 40~50％는 소매점의 점포에서는 살 수 없게 될 것이고, 50％ 이상은 현금을 내지 않고 살 것이다. 1990년에는 이른바 무점포(無店舖) 비율은 40~50％, 현금 구매가 아닌 비율도 50％를 웃돌 것이다.

③ 대형 유통 기업이 유통 집단을 만들고, 그것이 정보 집단화되어 새로운 시대＝정보화 시대의 주역이 될 가능성이 가장 강하다.

④ 앞으로는 메이커나 도매업자가 계속 소매업에 참여하든가, 소매업계에서는 계열점을 만들 것이다.

⑤ 예매 현금 도매상이 대상권 입지에서 의류품 등을 취급하는 경우, 지금은 최고의 도매업체이다. 그러나 멀지 않아 예매라고

하는 것과 현금 판매라고 하는 것에 문제가 일어날지도 모른다. ……따위의 것이다.

여기에 기술한 최근에 물의를 빚은 나의 발언은, 유통업계에 근무하고 있는 독자에게도 비상식적인 내용으로 보일지 모른다. 그러나 나로서는 과거의 예측이나 예언과 마찬가지로, '현상태로라면 틀림없이 이렇게 된다'라고 확신을 가지고 있으므로, 이것들은 예측인 동시에 현재의 유통업계 사람들에 대한 경고라고 생각해도 좋다.

개인 일이 되어 미안하지만, 나의 회사=일본 마케팅센터가 고문을 맡고 있는 회사는 지금 1300개 회사가 넘고, 소비재 메이커로부터 소비재의 도매와 소매업자 등, 그 유력한 업체 거의 대부분이 망라되고 있다. 더구나 현재의 경영 컨설팅은, 현장이라든가 실무에 매우 밝아야 되고, 그리고 언제나 객관적 판단을 할 수 있으며, 거시적으로 일을 파악할 수 있고, 정확한 선견성(先見性)을 가지는 것이 필수 조건인데, 소비재 업계나 유통업계에 대해서 나와 나의 회사는 이들 조건을 대체로 충족시키고 있다고 생각한다.

이러한 입장에 있으면 바보가 아닌 이상 소비재 업계나 유통업계의 장래를 비교적 정확히 추정할 수 있게 된다. 항상 조심하고 신중하게 발언해도 그 시점에서의 발언 내용이 비상식이라고 생각되느냐 그렇지 않느냐 하는 것도 판단은 할 수 있는 법이다. 그러나 업계 전체와 깊이 관련되고 있는 경영 컨설턴트라고 하는 입장에서 아무래도 비상식적이라는 예측적 발언이나 예언적 발언을 하지 않을 수 없는 경우도 때에 따라 있다. 그것들이 결국 앞에서 언급한 지금 물의를 빚고 있는 5개의 예측적 발언이 될 것이다.

나는 지금, 다음과 같이 생각하고 있다.

① 5~10년 후, 일본의 유통업계에서는 스토어리스, 캐시리스가 가장 중요한 포인트가 된다.

② 10년 후, 소비재의 과반수는 예약제(생산·판매·구입 모두)가 된다.

③ 15~20년 후, 유통업 취업자 수는 지금의 반으로 줄어든다라고.

지금은 유통업계 뿐만 아니라, 세상이 크게 변하려 하고 있다. 공업화 사회가 막다른 골목에 이르렀고 새로운 사회＝정보화 사회가 다가오고 있다. 사회 구조가 바뀌고, 소비 생활도 바뀐다. 물론 기업 경영도 바뀐다. 이러한 현상과 이유에 관해서는, PHP 연구소에서 발행한 《후나이 유끼오(船井幸雄)의 새 경영 혁명》에서 상세히 언급한 바 있다. 참고하기 바란다. 그 책에서도 말했거니와 이 새 시대의 키를 잡는 것이 유통업계나 유통의 변화 자체이다.

이 유통업계에는 새로운 뜻으로서의 유통혁명이 일어나려고 하고 있다. 그것은 필연적인 것인데, 혁명이라고 부르기에 어울리는 대변화라고 할 수도 있다. 또 훌륭한 대응이 공업화 사회에서 정보화 사회로의 이행을 원활하게 할 수 있는 것이라고도 생각된다.

그와 같은 뜻에서 이 책을 집필하기 시작했다. 이 책이 결론적으로는 유통업계의 가까운 미래 예측이지만 필자로서는 100％의 확신을 가진 예측서이다. 유통업계 사람들뿐만 아니라 모든 산업인이나 소비자 전체에 대한 나의 제언이라고 생각해 주어도 좋다.

그런만큼 될 수 있는 대로 독자가 이해할 수 있도록 쓰려고 생각한다. 그러나 예측서이기 때문에 역시 저자의 육감으로서의 판단이라고 할까, 숫자와 말로써 표현할 수 없는 분야도 조금은 있을지도 모른다. 그 점을 양해해 주시기 바란다.

후나이 유끼오(船井幸雄)

제 1 장
신유통혁명의 징조

1960년대 초반부터 70년대에 걸쳐 일본의 유통업계에 불어닥친 '유통혁명론'은 결과적으로 공론(空論)이 되었다.

유통 경로의 단축화도 실현되지 않았고 유통업계 취업자도 감소되지 않았다. 결과적으로 과거 20년 동안, 유통 경로는 더욱더 복잡하게 되고 유통업계 취업자 수는 1962년의 약 600만명이 현재는 1,000만명으로 급증했다. 또 도매업과 소매업의 점포수, 매장 면적은 현재도 계속 늘어가고 있다.

슈퍼 절대론과 도매상 무용론도 전혀 실현되지 않았다.

이에 대한 이유는 나중에 말하겠다. 1978년, 일본 경제신문사에서 발간된 나의 저서《유통혁명의 진실》에서도 상술했으므로 참고하기를 바라며, 유통혁명론의 본질은 낭비를 해소하는 합리적 발상에 있었던 것이다.

1억 1천만명 이상의 일본인에게, 소비재를 낭비없이 선택하게하고 무리없게 공급하려고 생각하면 유통업계 취업자가 300만명이 충분하다는 것을 간단히 계산할 수 있다.

1962년, 하야시 쥬지(林周二 : 당시 도쿄대학 조교수)씨의《유통혁명》이 주오고론샤(中央公論社)에서 간행되었을 때의 유통업 취업자 수가, 같은 해의 통산성 상업통계에 의하면 도매업에 약 213만명, 소매업에 약 355만명 모두 약 568만명이었다.

경영에서 가장 중요한 것은 낭비 · 불균형 · 무리의 배제이고

낭비를 배제하는 것이 합리화이며, 최선책이라고 하는 발상에서
볼 때, 이 1962년 시점의 유통업계가 합리화 됐을 경우 계산상
300만명으로 충분하다고 생각되는데, 그 2배나 되는 취업자가
웅성거린 셈이다.

이같은 인적 낭비때문에 이들 취업자의 생활 유지를 위해 유통
업계가 합리화 된 경우보다 약 2배의 부가 가치액(차익액)을
필요로 하게 되고 그 부가 가치액을 조달하기 위해 지나치게
많은 사람들이 북적거리고 있으므로 유통 경로를 복잡하게 하고
물질적 낭비를 만들었다.

결국, 소비자에게 비싸고 좋지 않은 물건을 공급하게 된다는
논리를 누구나 쉽게 이해할 수 있는 것이었다. 이것이 유통혁명
을 일으킬 것이고 일어나지 않을 수 없다는 생각의 논리적 근거
가 되었던 것인데, 이 논리는 참으로 알기 쉽고 이해하기도 쉽
다. 따라서 많은 사람들의 지지를 받았을 것이라고 할 수 있다.
왜냐면 우리들의 머리가 낭비 배제적인 합리화 발상에 길들여
있고 그것을 대의명분으로서 이해할 수 있기 때문이다. 그런데
유통혁명은 일어나지 않았다. 노동력 낭비와 물질적 낭비는 그
뒤 20년 동안 더욱 더 조장되었다.

그 이유는 유통혁명론이 유통업계를 둘러싼 사회적 구조, 이른
바 공업화 사회의 기본 구조라든가 나라의 기본 정책 또는 산업
구조 변혁이라는 큰 원칙 등을 보지 못하고, 물건과 유통이라고
하는 미시적 범위만을 보았기 때문이다.

그렇지만, 유통혁명론이 일본 유통업계에 크나큰 영향을 주었
다. 결코 유통혁명론은 무의미했던 것은 아니었던 것이다.

① 초기의 슈퍼마켓에 대의명분을 주었다. 그래서 나카우치
(中內功)씨를 비롯하여 자신만만한 슈퍼마켓 경영자를 탄생시켰
다. 그 결과, 유통혁명론이 좋고 그른 것과는 별도로 슈퍼가 양판

점(量販店)의 이름 밑에 급성장했고 소매업계의 왕좌를 차지했다. 그뿐만 아니라 메이커와 도매상에 대해서 소매업이 유통 주도권 싸움을 할 수 있기 까지 단기간에 성장했던 것이다.

② 유통혁명론의 훌륭한 논리와는 너무나도 현실이 맞지 않기 때문에 세상은 복잡하다는 것, 게다가 변화하고 성장한다는 것, 그 때문에 머리를 유연하게 하고 보다 거시적(巨視的)으로 사물을 파악하여 대처하지 않으면 안 된다는 것을 소비재 관계자, 유통업 관계자, 나아가서는 경영학자들에게 가르쳐 주었다. 그 때문에 경영학의 주역이 시스템 공학적 경영 관리론에서 행동 과학적 인간성 존중론으로 크게 비약했다고 할 수 있다.

③ 유통업계의 뜻있는 사람들로 하여금 '물질적 낭비와 노동력 낭비의 해소, 그리고 유통 합리화'의 길을 끊임없이 생각하게 했다. 나의 경우도 근래 십수년 동안, 이것을 끊임없이 계속 생각해 왔고 유통업계 사람들이 모이면 반드시 화제로 삼아 왔다. 왜냐하면 헛된 낭비를 배제하는 합리화 발상은, 근대 경영이든가 사회 구조 혹은 성공하는 시스템의 출발점이기 때문이라고 할 수 있다.

이 책에서 말하는 '새 유통혁명 도래론(到來論)'도 유통혁명론과는 여건이 다르고 나오게 된 환경도 다르지만, 대부분 사람들이 논리적 근거를 이해해 주고 그 실현에 협력하는 것은 낭비 배제적인 합리화 발상에 의해 현실적인 논거가 성립되어 있고, 이것에 의하여 장래의 유통업계에서 인적인 낭비, 물질적 낭비가 배제되고, 경로 단축, 경로 합리화 등이 가능하다고 생각했기 때문이다.

이 책에서는, 유통혁명이라고 하는 말을 유통 단계 혹은 유통업계에 대한 '물질적 낭비와 인적 낭비의 배제, 즉 유통 경로의 단축과 합리화'라고 파악하기 바란다.

앞으로 '물품'에 있어서는, 공급이 과잉될 것으로 생각되기 때문에, 틀림없이 이제부터는 소비자 주도=유통 주도의 시대가 될 것이다. 그것은 새롭게 유통혁명이 일어나면, 그 결과 유통업계 뿐만 아니라 소비재 업계 전체의 물질적 낭비와 인적인 낭비도 배제되고, 생산재 업계도 최종적으로는 소비재 업계때문에 존재하므로, '물품'을 중심으로 일본의 산업계 전체의 합리화가 급속도로 진행되리라 생각된다.

이와 같은 결과도 시대적 흐름 때문이지만, 새 유통혁명이 가져오는 의의는 매우 크다는 것을 이해해 주었으면 한다.

어쨌든 새 유통혁명에의 조짐은 보이기 시작했다. 1장에서는 이것들 가운데서 누구나가 알 수 있는 현상을 들어 설명하고자 한다.

1. 적중한 스토어리스 세미나

1) 예정보다 10배 신청으로 거절하기에 바빠

경영 컨설턴트 회사인 나의 회사=일본 마케팅센터에서는 자주 세미나를 개최한다(나의 회사의 주업무는 고문을 맡고 있는 약 1,300개 회사에 대한 실무적인 어드바이즈이다. 그것은 구체적으로 경영 컨설턴트가 정기적으로 고문 회사를 방문하여 컨설팅하는 것이다. 그러나 우리들의 생각과 업계 정세를 거시적으로 파악하기를 바라거나 전문적 노하우에 익숙하도록 하기 위해 주로 고문을 맡고 있는 기업을 대상으로 경영 컨설팅의 보완 업무로서 세미나를 열고 있다. 그 횟수는 현재 연간 10여회에 이르고 있다). 따라서 세미나 내용과 참가자 수 등에 관해서는 횟수가 많은 만큼 정확히 예측할 수 있었고 이제까지 거의 예측이 빗나가지 않았다고 할 수 있다. 그러나 최근 크나큰 차질이 생겼다. 그것이 '스토어리스 세미나'이다.

1983년 4월 18일 오사카 도큐(東急)호텔에서, 그리고 4월 19일에 도쿄 시바 파크 호텔에서 가졌던 스토어리스 세미나는 두 집회 모두 정원 50명을 예정하고 있었던 것인데, 수백명이나 신청이 있었던 것이다. 회장 내에 보조 의자와 그 밖의 것들을 들여오고 '한 사람이라도 많은 사람들을 수강하게 하자'고 노력했으나 회장의 넓이라고 하는 물리적 한계가 있어서 실제로는 오사카·도쿄 모두 이 세미나에 참가한 사람들은 신청순으로 100명씩이었으며, 대다수의 사람들에게는 참가를 사절할 수 밖에 없었다.

이 세미나에서는 내가 고문을 맡고 있는 회사일지라도 연간 매상액 1천억엔 이상의 대기업에는 안내장을 보내지 않았으며, 어쨌던 안내장을 받은 과반수의 기업이 참가 의사를 나타냈던 것이다. 또 안내장을 보내지 않았던 대기업에서도 어디서인가 세미나 개최의 소식이 전해져서 많은 대기업의 우두머리로부터 '어째서 대기업을 참가시키지 않느냐?'고 하는 호통을 받았던 것이다.

사적인 일을 말해서 미안하지만, 내가 고문을 맡고 있는 거래처에는, 소비재 업계에서 지도적인 기업이 거의 모두 포함되어 있다. 예컨대 소매업에서도 700여개의 거래 회사가 있는데, 그 연간 매상액은 아마도 합계하면 십수조엔에 이르고, 일본의 소매 판매 총액의 20 % 정도를 차지하고 있다고 여겨진다. 알기 쉽게 말하면, 객관적으로 보아서 나의 고문 거래처는 소매업에 한하지 않고 도매업이나 메이커에서도 업적이 좋은 선견성 있는 전향적

(轉向的)인 기업군이라고 말해도 좋으리라고 생각한다. 그런 그들이 '스토어리스 세미나'에 이토록 관심을 나타냈던 것이다.

이 '스토어리스 세미나' 안내장의 주요 부분은 표1과 같다. 그리고 참가료는 텍스트료, 당일의 점심 식대를 포함하여 한 사람당 5만엔으로 결코 싼 편은 아니었지만, 이 세미나에 많은 소비재 업계의 지도자들이 특별하게 관심을 나타낸 이유는 어디에 있는 것일까?

2) 실질적으로 제1선 경영자에게는 '스토어리스' '캐시리스' 시대가 올 것을 예견할 수 있다

작년 11월 17일의 일이었다. 일본경제신문사 주최 경제 세미나에서 나는 강사로서 '앞으로의 유통업계'에 관하여 얘기를 했는데, 그때 참석자의 질문에 대답하여 "지금 일본의 유통업계가 가장 주의하지 않으면 안되는 것은 ① 고객=소비자의 대다수는 결코 기쁜 마음으로 소매점에 물건을 사러 가는 것이 아니다……라는 것과 ② 쇼핑을 좋아하는 사람일지라도 돈을 낼 때는 반드시라고 해도 좋을 만큼 재미없는 감정을 품는다……고 하는 것입니다. 이런 사실은 손님의 얼굴 표정을 보면 잘 알 수 있습니다. 물건이 팔리지 않게 되어 이제 소매점들은 보다 고객 지향을 하지 않으면 살아 남을 수 없는 데다가, 대형점 규제 등으로, 대형점에외 규제때문에 대형점이나 소형점도 분점시설의 경비가 크게 높아졌습니다. 그래서 '가게는 손님을 위해 있다'고 하지만, 지금으로서는 가게의 신설로 오히려 나쁜 상품을 비싸게 팔지 않으면 안 되게 되고 '손님을 위해 가게가 있는 것이다'라고 하는 대원칙이 무너지려고 하고 있습니다. 이와 같은 정세 밑에서 바야흐로 스토어리스 판매, 캐시리스 판매의 연구가 대형

표1. 1983년 4월 18일, 19일에 있었던 일본 마케팅센터 주최 '스토어리스 세미나' 안내장의 주요 부분

유통 업계(도매업 · 소매업) ⎫
⎬ 의 경영자 여러분에게
소비재 메이커 ⎭

신유통혁명——스토어리스 사업 철저 연구 세미나

안 내 장

주식회사 일본 마케팅센터

사장 후나이 유끼오

여러분 안녕하십니까.

지금 유통업계에는 크나큰 변혁이 일어나고 있습니다. 나의 책 후나이 유끼오의 《새 경영혁명》 속에서도 언급하였지만, A. 토플러가 제창하고 뉴미디어의 기술혁신이 뒷받침하는 '제3의 물결' 시대가 아무래도 바로 가까이 다가온 것 같습니다.

이 새로운 시대의 흐름 속에서, 유통업계도 무점포 판매=스토어리스 시스템이 주목되고 있는 것은 여러분도 잘 알고 계시리라 믿습니다. 카탈로그, 통신 판매 등의 갖가지 무점포 판매가 경영전략의 핵심으로서, 또 기업 활성화의 무기로서 채용되기 시작하고 착실하게 실적을 올리고 있습니다.

이 새로운 업태는 아무래도 90년에 들어서면 유통업의 핵심이 될 것 같습니다. 그와 동시에 이 업태는 근래 정보·통신의 기술 혁신을 받아들이면서 메이커·도매상 나아가서는 금융기관까지도 끌어들여 경제 구조에까지 크나 큰 영향을 줄 것이라고 예측됩니다.

나는 1월의 후나이 원맨 세미나(유통업 경영전략 세미나)에서도 이 유통혁명으로서의 스토어리스 시스템에 관한 나의 생각을 피력했습니다만, 유통업에 있어서 긴급 테마인 스토어리스 시스템에 관해서 더욱 파고들어가 그 대응책을 여러분과 검토하고자 이번에 스토어리스로 테마를 압축한 세미나를 기획했습니다.

각 강좌는 특별 강사로서 현재 이미 눈부신 업적을 쌓고 주목을 받고 있는 (주)샤를레 사장 하야시 미야하레(林雅晴)씨와 프레슈 시스템즈(주) 사장 다카구라 마모루(高倉 衛)씨를 초빙하는 이외에 나와 내가 가장 신뢰하는 스탭이 담당합니다.

어려운 경영 환경 속에서 앞으로의 전략 확립상 여러분에게 도움이 되는 세미나가 될 것이라고 생각하고 있습니다. 부디 참가해 주시기를 바랍니다.

이 세미나의 평가
  O 메이커 여러분에게는 수직 통합 시스템을 위해
  O 도매업 여러분에게는 서비스 머천다이징 시스템 확립을 위해
  O 소매업 여러분에게는 새로운 사업 다각화 전략 확립을 위해
이 세미나의 **특색**
  O 실천에 바탕한 수많은 구체적 사례를 제시하고,

> 참고하게 합니다.
> ○ 단순한 사례 소개에 그치지 않고 구체적 대응책,
>   참여의 노하우까지 제안합니다.
> ○ 현실적인 스토어리스 시스템 연구 이외에, 가까운
>   장래의 테마인 유통혁명으로서의 스토어리스 시스
>   템에 관해서도 검토합니다.
> ○ 참가하시는 여러분의 업태와 규모를 불문하고 참고
>   가 될 정보를 제공합니다.

소매업체를 중심으로 진지하게 검토되고 있습니다. 나도 몇 년
전부터 연구하고 있었습니다. 무점포 판매, 무현금 판매는 틀림
없이 고객 지향적이고 이미 실험 단계에서 대성공을 거두고 있다
고 해도 좋으리라 생각합니다. 그리고 뉴미디어의 발달과 엘렉트
로닉스 발달에 의한 홈 쇼핑, 홈 뱅킹도, 이러한 풍조에 박차를
가하는 듯 하고 점포 판매, 현금 판매보다도 스토어리스·캐시리
스 판매 쪽이 좋은 물건을 싸게, 더구나 고객이 좋아하는 것을
편리한 때에, 원하는 곳으로 배달해 주는 구조로까지 될 듯합니
다. 이미 이론적으로는 되어 있습니다. 또 실험도 끝났습니다.
지금은 시간이 없으므로 여기서는 다음과 같은 결론밖에 말할
수 없지만, 나는 아마도 1990년에는 무점포(스토어리스) 판매
비율이 지금의 5%에서 40~50%가 되고, 무현금 판매비율도
현재의 5%에서 50%로 상승되리라고 생각합니다. 상당히 자신을
가지고 이것은 단언할 수 있다고 생각합니다. 이 점의 연구를
여러분도 한번 충분히 해보시기 바랍니다. 유통업계는 크게 변할
것 같습니다'라고 호언장담했던 것이다.
  그로부터 2~3일 동안에, '후나이 선생이 17일에 일본 경제신

문사의 세미나 석상에서 한 말=스토어리스, 캐시리스 시대의 도래에 대해서는 나도 동감이다. 그 점에 관해서 한번 자세한 얘기를 듣고 싶으니 시간을 내달라'고 몇 사람의 대형 소매기업 사장들로부터 연락이 날아들었다. 두뇌회전이 빠른 대형 소매 기업의 사장들은 점포 판매, 현금 판매를 주체로 장사를 하면서도 과연 경영자다, 세상의 흐름에는 실감나게 나름대로 깨닫고 있고, 각각 대응책에 여념이 없다는 것을 이 한가지 사실을 가지고도 충분히 알 수 있다고 할 수 있다.

이것을 계기로 스토어리스 시대, 캐시리스 시대의 도래 혹은 소매업계에서의 스토어리스 · 캐시리스 시대가 다가오고 있다는 것이 일부 매스콤이나 평론가의 반론에도 불구하고 유통업계에서는 하나의 유행과 같이 되고 말았다.

이것이 '스토어리스 세미나'의 대성황으로 연결된것 같다. 어쨌든 실감나게 제1선 경영자에게는 가까운 장래 스토어리스 · 캐시리스 시대의 도래가 예견될 수 있다……라고 말해 두고자 한다.

3) 스토어리스 판매는 고객의 특정화(特定化), 고정화(固定化), 그리고 예약제 · 계획제의 도입이라는 점에서 유통혁명의 핵심인 물질적인 낭비의 해소와 관계된다

스토어리스, 캐시리스를 연구하면, 우선 그것이 이제까지의 소매점의 판매 방법과 전연 질적으로 다르다는 것을 조금만 머리가 좋은 사람이면 누구나 깨닫게 된다.

불특정(不特定) 다수의 고객에게, 처음 온 손님이라고 하는 관계에서 물건을 파는 것을 원칙으로 하는 '점포 판매 소매업'과는 달리, 손님의 특정화, 고정화, 손님과의 밀착이 없으면 스토어리스는 아무래도 궤도에 오르지 않는다는 것을 곧 알게 되고 여기에 캐시리스가 추가되면 보다 더 특정화, 고정화, 밀착화의 필요성이 무조건 인식된다.

그와 동시에 특정화, 고정화, 밀착화가 진행되면 진행될수록 판매하는 쪽이나 구매하는 쪽도 계획적이 되고, 예약제의 도입이라고 하는 것도 필요하게 된다.

이것은 일류 호텔, 일류 레스토랑, 치과 의사 등이 예약제로 운영되어도 이용자에게 불편감을 주지 않고, 유명한 인기인을 만나려고 하면 사전에 어포인트먼드(약속)을 해두지 않으면 불가능한 것과 마찬가지인데, 세상이 진보했다는 증거이고 모든 사람이 시간을 잘 활용하는 시대(정보화 시대)의 상징적인 현상이라는 것을 알 수 있는 것이다.

얘기가 좀 바뀌지만, 인간의 특성에는 보통 3가지가 있다고 한다. 하나는 인간에게만은 사용하면 사용할수록 좋아지는 머리가 있다고 하는 것이다. 이것은 동물 가운데서도 인간만의 특성이므로 사람으로 태어난 이상, 역시 될 수 있는 대로 머리를 써서 머리를 좋게 할 필요가 있다.

두번째는 인간에게만 의지(意志)가 있고, 이성(理性)이 있다고 하는 것이다. 생각할 수가 있고 계획적으로 일에 대처할 수 있다. 이것도 인간만의 특징이다. 따라서 사람의 의지를 강화하고 좋은 일은 실천하며 나쁜 일은 하지 않고 될 수 있는 대로 계획적으로 살아가도록 노력해야 한다. 충동적, 본능적, 정서적으로 살고 싶다고 하는 것은 인간이 동물인 이상, 여기에 어느정도 비중을 둔다는 것을 부정할 수 없으나, 인간 특성에서 생각할 때, 인간으로 태어난 이상 사람은 본능이나 정서나 충동보다도 의지를 강화하고 이성과 계획성 등을 소중히 하려고 노력하는 것이 올바른 삶이라고 할 수 있다.

세번째의 인간 특성은 보통 머리가 좋아지고 의지가 강해지며 이성적·계획적으로 살아감에 따라 그 사람은 사회적으로 반드시 성공하게 된다. 그렇게 되면 그 사람의 생각이 성선(性善) 지향이 되고, 이타심(利他心)과 같은 사랑의 마음이 생겨난다는 것이다. 바꾸어 말하면 이기심이 강하거나 성악설은 약자의 자기방어적인 발상이라고도 할 수 있다.

사람은 인간으로 태어난 이상 궁극적으로는 사랑의 마음을 가지는 것을 포함하여, 이 세가지의 인간적인 특성을 추구하지 않으면 안된다.그러므로 스토어리스, 캐시리스에 의하여 예약제·계획제가 도입된다고 하는 것은 하나의 사회적 발전이고, 인간성에 알맞는 것이다. 시스템만 잘 만들 수 있다면 인간성에 부합될 뿐만 아니라, 판매측이나 고객측에도 결코 불편한 것이 아니고 오히려 편리한 것이고 틀림없이 번창할 것이다. 세상에는 인간성에 맞지 않는 것은 결코 번창하지 않고 영속되지도 않는다고 하는 것이 원칙인 것 같다.

더구나 예약제와 계획제의 도입은 경쟁의 원리가 있는 한, 유통혁명의 하나의 포인트인 물질적 낭비의 배제와 연결되고 노동력 낭비의 배제와도 관계된다고 해도 될 것이다.

무엇보다도 이것은 지금 전국 각지에서 이루어지고 있는데, 스토어리스, 캐시리스를 위한 모델 실험을 해보면 곧 알 수 있는 일이기도 하다. 그 결과, 점포 판매나 현금 판매보다도 스토어리스, 캐시리스 쪽이 좋은 물건을 싸게 파는 결과를 이끌어 낸다고 할 수 있다.

어쨌든 유통업계라고 하는 세상이 착실하게 변하고 있기 때문에 '스토어리스 세미나'가 인기를 끌고 있다고 판단할 수 있다.

한편 스토어리스의 시도가 현실적으로 어느 정도 진전되고 있는가 하는 하나의 증거로서 1983년 5월 5일자 '일경 유통신문(日經流通新聞)'의 기사를 참고로 소개하고자 한다.

• 미에현(三重縣) 내의 슈퍼마켓들은 하이테크 전략=자계 전산기 등 최신 기술을 구사= 무점포 판매 및 신선도(新鮮度)도 높다.

미에현의 유통업계에서 로컬 슈퍼의 독특한 경영 전략이 화제를 불러일으키고 있다. 모두가 컴퓨터 등 최신 기술을 구사하여 소비의 새로운 니즈(수요)를 발굴하고 크게 변화하는 시대에 따른 유통 산업 방식을 모색하고 있다.

'슈퍼 산시'[본사는 요카이찌(四日市)시, 사장은 다카구라 마모루(高倉衛)씨]가 컴퓨터와 단골집의 주문을 받아 운영하는 새 스타일의 무점포 판매를 10월부터 실시한다고 선언했는데, 로컬 슈퍼마켓에서 기술 혁신 움직임의 기폭제가 되었다. '산시'는 3월부터 구와나(桑名)에서 테스트를 시작했고 '지역의 유통업계에 크게 영향을 줄 것이다'(미에현 상공진흥과)라고 행정 당국도 주목하고 있다.

여기에 호응이라도 하듯, 주부의 상점이 노리점(津店 : 본사 노리시, 사장 우메모두 새이(梅本齊 씨)]도 퍼스널 컴퓨터·전화·텔레비전, 은행의 카드 시스템 등을 완벽하게 활용하는 회원제 무점포 판매를 검토하기 시작했다. 이 회사의 경우, 점포 판매의 서브 체널로서 이 무점포 판매방식을 2년 후를 목표로 실현하겠다고 말하고 있다.

주부의 노리점의 계획은 약 3천명의 회원을 조직, 그것을 몇 그룹으로 나누고 각 그룹을 담당하는 단골 주문 접수원이 정기적으로 주문을 받는다. 단골 주문 접수 요원의 단말기에서 본부의 컴퓨터로 연결되며, 상품은 지정 시간에 집에 배달되고, 대금은 은행 결제라고 하는 과정인데, 제2 단계에서는 각 회원 집에 설치된 간이 퍼스널 컴퓨터와 이 회사 주거래 은행의 카드 시스템을 연결시켜 퍼스널 컴퓨터와 본부 컴퓨터와의 즉시 응답 체제를 지향한다.

이와 병행하여 주택가 등의 소형 점포를 '주문받는 센터'의 창구로서 활용하고 회원 이외의 어떤 주문도 즉시 조치할 수 있도록 한다.

이찌고오강[一號館 : 본사 요카이찌(四日市)시, 사장 사토오 에쓰조(佐藤悅)]은 이와는 달리 철저한 '지방의 냉장고' 작전을 펴고 있다. 이 회사는 미에(三重)현 북서부 중심에 설치하고 있는 31개 점포(그 중, 일요 대공 중심의 홈 센터가 2개 점포)를 '연중무휴, 심야영업'으로 운영하고 있는데, 각 점포와 본부를 컴퓨터로 완전히 온라인화(化) 하고 있다. 생선 식품에 대해서는 자택 배달센터에서 일괄 포장 처리하는 센트럴 패키지에 의하여, 각 점포마다 필요한 시간에 필요한 생선 상품을 가장 선도 높은 상태로 지역 소비자에게 공급하는데 성공하고 있다.

지역의 월일별, 시간대별, 상품별 수요 동향 정보를 본부 컴퓨터가 기억하고 있기 때문에 '심야에도 질이 좋은 생선회를 먹을 수 있다. 극단적인 표현을 하면 가정에 냉장고가 없어도 되는 서비스'가 가능하다고 사토오(佐藤純) 부사장은 말한다.

이 회사에서는 이같은 지역 밀착 방식을 무기로 앞으로 중남(中南)서 지역에도 점포를 확장하고, 5년 이내에 50개 점포를 만들어 자택배달 센터도 요카이찌(四日市)시 니찌에이(日永) 지구의 용지(2만 1천 평방미터)로 이전하여 강화한다. 10년 후에는 점포망을 154개, 자택배달 센터도 3개소 늘릴 방침이다.('일경 유통신문' 1983년 5월 5일자)

2. 화제를 불러일으킨 '소고'의 '마루코오' 지원과 '다이에'의 '보니' 지원

1) 상식으로 이해할 수 없는 지원 방법

백화점 업계에서 작년부터 금년에 걸쳐 크게 화제가 되고 있는 것은 '소고'에 의해 나가노현(長野縣)에서 유명한 '마루코오(丸光) 백화점'과 '다이에'에 의해 홋카이도(北海道) 하코다테(函館)에서 유명한 백화점인 '보니모리야(棒二森屋)'에 대한 지원 모습이다.

왜냐하면 이제까지의 업계 상식으로서는 생각할 수 없는 지원 방법이기 때문이다.

작년 6월 말, 나가노현의 지방 백화점인 마루코가 경영 부진을 개선하기 위해 재작년 2월부터의 '미쓰코시(三越)'와의 제휴를 취소하고, 새로이 '소고'와의 제휴를 발표했다. 그 자세한 것은 작년 9월호 '스토어즈 리포트' 신문지상에 실려 있는데, 소고는 어쨌든 마루코의 주식을 취득하고 있지 않았기 때문에 다음과 같은 지원 방법을 내놓았다.

① 소고는 가게 지배인 이하 10명의 인재를 마루코에 파견하여, 마루코의 영업을 지원하기 시작했다. 이들 10명의 인건비에 대해서 마루코와 소고 측의 급여 차(소고 쪽이 높다)를 소고측이 부담하고 있다.

② 소고를 통하여 일부 상품을 마루코오에 하기 시작했는데, 그 상품에 대해서 소고는 일체 마진을 취하고 있지 않다.

③ 마루코에 대해서는 보증 등을 통하여 금융 지원을 시작했는데, 보증료 등은 소고가 일체 요구하고 있지 않다.

이러한 것들이 분명해짐에 따라서 소고는 자선 사업을 하고 있는 것이냐, 아니면 이면에 무엇이 숨어 있느냐, 하고 업계에서 의견이 분분했으나, 별다른 저의가 없었고, 어디까지나 선의의 지원이었다.

물론 금년이 되어서도 나가노의 지방 은행(마루코의 주력 은행)이나 마루코의 주주, 혹은 마루코의 오너인 나가자(長澤)와 집안의 요청으로 소고는 마루코의 주식을 취득하고, 마루코의 회사명을 '마루코 소고'로 변경하게 될 것 같은데, 소고의 자세는 어디까지나 ① 나가자와 (長澤)씨 가문을 주역(主役)으로 하고, ② 주주나 그 지방 사람들의 요망에 부응하며, ③ 하루라도 빨리 마루코를 본 궤도에 올려 놓는 것이다.

(저자 주·이 책의 제1장 원고는 1983년 5월 2일~5일에 쓴 것이다. 그런데 18일의 마루코의 주주총회에서 마침내 소고가 전면적으로 마루코의 지원 재건에 나서게 되었다. 다음은 나가노의 지방 신문'시나노(信濃) 매일신문' 5월 19일자 조간의 기사이다. 이 기사에는 유통업계의 큰 흐름, ① 강자는 약자를 착취하는 것이 아니라 앞으로는 도와주지 않으면 안된다는 것과 ② 지방 백화점의 어려운 처지와 이제부터 방향이 시사되어 있다. 감히 그대로 싣는다.)

● '마루코 소고' 스타트, 긴장… 열기… 안도 ── 지방에 밀착하는 장사를 결의

　　대형백화점 '소고'와의 제휴 강화를 결정한 나가노시의 '마루코'는 지방 백화점으로서 재출발하게 되었다. 18일 나가노시에서 열린 주주총회와 소고·마루코, 관계자의 기자회견에서는 '재기'에 거는 기대가 넘쳐 흐르고 있었다. 반면에 냉엄한 유통업계의 경쟁 속에서 지방 자본이 자력으로 살아 남기 어렵다는 것도 새삼스레 보여 주었다. 이 날의 관계자의 표정을 추적해 보면──.

○ …'사장님, 의장석으로 올라가 주십시오.'──. 8층의 큰 홀에서 개최된 주주총회는 오전 10시 반, 사회를 맡은 이와노(岩野) 이사의 이같은 첫마디로 시작되었다. 단상에 오른 나가자와 가쓰(長澤勝)씨에게는 대표이사 사장으로서 마지막 임무였다. 평소와 같이 웃는 얼굴을 보이면서도 의안에 대한 토의에 앞서 그동안의 영업 보고에서는 괴로운 말로 시종되었다. "미쓰고시와의 제휴를 해소하는 데에 삼고(三顧)의 예를 다했기 때문에 신생 마루코와 출발까지 공백 기간이 생기게 되었다" "그 뒤, 점포의 실내장식 개조도 일부에 그쳐 투자 효과를 충분히 내지 못했다."라고 설하면서 누적 적자가 8억엔을 넘어선 것을 사과했다. "그래서 소고의 지혜를 더욱 빌리기로 결단했다"고 제휴 강화에 들어서게 된 속마음을 경영 톱으로서 몇번이나 강조하였다.

○ …총회에서는 새로운 마루코에 대한 기대와 반면에 지방 백화점이 중앙 자본에 흡수되는 것에 대한 불안한 목소리도 나오고, 주주들의 복잡한 심리도 드러내 보였다. 이에 대해서

의장인 나가자와 가쓰씨는 "소고와의 제휴 강화가 지역과의 밀착된 장사를 관철하는 것이지, 결코 빼앗기는 것은 아니다"라고 단언. 나가자와 다이이찌(長澤太一) 회장도 특별히 발언권을 얻어, "소고와 마루코의 신뢰 관계는 견고하니, 나이먹은 나의 말을 믿어 주기 바란다." 이 말로 총회의 흐름은 팽팽하게 긴장되고 신생 마루코를 향해 여기서 병폐는 모두 도려내라" 등 응원의 발언이 계속되었다. 그리고 자본금 증가 계획 등 장래 문제도 토의되었다.

○ …예년같으면 수십명 정도였을 것이지만, 이 날만은 1백명이 넘는 주주가 몰려 들어, 마루코의 장래 문제에 대한 관심도가 높음을 보여주었다. 백화점 측도 아침부터 회의장 주변에 50명 가까운 간부 사원들을 배치했고, 신생 마루코의 스타트가 걸려 있다고 하여 모든 사람이 긴장으로 굳어져 있었다. 그러나 총회에서 '마루코 소고'의 출발이 만장일치로 승인되자, 안도의 빛이 번졌다. 소용돌이 속의 한 사람이었던 기노시다 하레오(木下晴雄) 점포 지배인은 만나는 사람마다 "감사합니다"를 연발하며 손을 잡는 모습이 인상적이었다.

○ …"이번처럼 유리한 조건으로 대회사와 제휴한 지방 백화점은 내가 아는 한 한 점포도 없지 않은가——. 8층 홀에서 있었던 기자 회견에서 85세의 창업자 나가자와 다이이찌(長澤太一) 회장은 담담하게 말했다. 어깨의 짐을 내려놓은 듯이 웃음조차 띠면서, 경영을 소고에 위임한 경과를 자세하게 설명. "소고도 이전에 마루코 이상의 곤경에 빠졌다가 보기좋게 재건한 경험이 있다"고 강조. 미쓰코시와의 제휴를 취소했을 때에 지적된 상대편에 대한 불신감은 털끝만치도 볼 수 없었다.(1983년 5월 19일자 '시나노 매일신문'에서)

한편, 재작년 일인데, 관련 회사의 침체와 자기 가게의 증설때 문에 제휴 거래선인 '미쓰코시'로부터 버림받고, 그 결과가 주목 되고 있던 하꼬다테의 유명 백화점인 '보니모리야'에 구원의 손길을 내민 것이 '다이에'이다. 1981년 11월의 일이었다. 다이에 의 방침은 자금과 상품을 지원하지만 간섭은 하지 않겠다는 것이 었다. 회사명도 그대로이고 경영도 보니모리야의 오너인 오끼노 세이(荻野清) 사장에게 전적으로 맡기고 있다. 그뿐만 아니라 다이에가 지원하고 있는 것을 세상에 될 수 있는 대로 숨기려 하고 있는 것같이 보이기도 한다. 아마 그 고장 하코다테 소비자 의 태반은 '보니모리야'가 '다이에'로부터 지원받고 있는 것을 모르고 있을 것이다.

이것도 업계 참새들에게 그럴 듯한 화제를 제공했다. 왜냐하 면, 전에 '다이에'의 나카우찌(中内) 사장은 "흡수 합병은 있을 수 있어도 대등한 합병 따위는 생각할 수 없다"라고 말했고, 다이에도 자본과 상품이라는 무기로 강압적인 일체화와 확대를 진행시켜 유통혁명을 실행하려는 원칙을 가졌었기 때문이다.

2) 제1급 경영자＝소고의 미즈지마(水島) 사장과 다이에의 나카우찌(中内) 사장

소고·마루코·다이에·보니의 4개 회사는 모두 나와 나의 회사＝일본 마케팅센터와는 매우 친밀한 회사이다. 또 나는 소고 의 미즈지마(水島), 마루코의 나가자와(長澤), 다이에 나카우찌 (中内), 보니의 오끼노의 4사 사장과는 속을 털어놓고 얘기를 나눌 수 있는 사이라고 생각하고 있다. 그런 만큼, 여기까지 4 사에 관하여 기술해 온 것에 대해서는 털끝만치의 거짓말도 없다 고 단언할 수 있다. 모두 진실을 있는 그대로 기술해 본 것이지만, 역시 독자들에게는 소고나 다이에의 태도가 이해되지 않을지도 모른다. 그러나 나로서는 소고의 미즈지마, 다이에의 나카우찌 사장의 비상식적인 것처럼 보여지는 지원 방법이 사실은, 시류(時流) 적응성과 전략적으로 옳다는 것을 잘 알 수 있는 것이다. 그 점을 지금부터 설명하겠다.

우선 이 책의 내용과는 좀 상치되지만, 나의 지론을 조금 들어주기 바란다. 나는 '제2차 세계대전 후, 세상은 크게 달라졌다……라고 하기보다도 인류가 분명히 인간의 존엄성에 눈떴다'고 할 수 있으리라 생각한다. 즉, 인간에게 있어서 하루 하루 살아가는 데 무엇보다도 중요한 것은 이기주의 보다는, 남을 인정하고, 서로 돕는 일이라고 생각하는 것이다.

그것은 거시적으로 보아서 '인간은 자유평등을 기본으로 하여 서로가 독립적으로 개성을 살리고 남을 인정하며 협조적으로 세상을 위해 인류를 위해 힘쓰자'고 하는 것에 인류가 동참하기 시작했다고 해도 좋을 것이다.

이 방향에 따라서 ① 많은 식민지가 독립했다. ② 빈부의 차가 없어지려고 하며 또 없애려고 노력한다. ③ 강자는 약자를 착취하는 것이 아니라, 약자를 원조하기 시작했다. ④ 세계적 규모의 전쟁은 없어졌다. 이미 40년 동안 큰 전쟁은 일어나지 않고 있다. ⑤ 국가 간에서도 대화의 광장이 넓어지고 있으며 예전과 같이 사소한 분쟁이 원인이 되어 곧 전쟁이라고 하는 힘에 의존하는 해결 수단을 취하지 않게 되었다. ⑥ 마찬가지로 EC나 ASEAN 등 상호 원조를 전제로 하는 공동체적 국제기구가 궤도에 오르기 시작했다.

이러한 경향들을 보고 있으면, ① 미소 2대국의 대립 ② 핵 비축이나 군비 확장의 에스컬레이트 ③ 공해의 증가 ④ 치안 악화나 학교 내, 가정 내 폭력의 횡행이라고 하는 여러가지 현상을 보고 세상은 나쁜 쪽으로 나아가고 있다느니, 금세기 말에는 인류는 멸망한다느니 하는 말세 사상이 만연하기 시작했으나 나는 세상은 역시 생성 발전하여 좋은 쪽으로 나아가고 있고, 인류도 틀림없이 인간성에 눈 뜨고 거시적으로 보면 진보하고 있다는 견해가 옳다고 생각한다.(이런 생각들에 관해서는 나의 근저《80년대, 번영의 전략》《인생 오륜(五倫)의 책》《일본의 선택》《성공론》등에서 상술했으므로 참고 하시기 바란다).

세상이나 인류도 그 나아가는 방향에는 큰 흐름이 있다. 모택동(毛澤東)이 말했듯이 '양자강(揚子江)은 서에서 동으로 흐르고 있는' 것이며, 미시적으로 보면 양자강도 북행(北行)이나 남행(南行)하고 있는 곳도 있고, 곳에 따라서는 서행(西行)하고 있는 곳도 있다. 그래도 거시적으로는 양자강은 서에서 동으로 흐르고 있는 것이다. 우리는 큰 흐름을 간과해서는 안된다.

이와 같은 눈으로 세상이나 인류가 걸어온 발자취를 돌아다보면, 평소와 같은 것들이 선순환(善循環)을 되풀이하면서도 조금씩 좋은 쪽으로 발전해 온 것은 틀림없다. 또 때로는 하나의 시기나 전기(轉機)가 만들어져 좋은 쪽으로 크게 비약하면서 또 선순환을 거듭해 온 것 같다.

그런 눈으로 보면, 제2차대전은 하나의 기간이고 전기라고 할 수 있을 것이다. 그 전까지의 약자에 대한 강자의 착취, 상식이었던 불평등, 얼마 안되는 부자, 권력자와 대다수의 빈자, 피억압자 등의 비인간적 순환이, 급속으로 자유 · 평등 · 상부상조 등, 인간성을 존중하는 방향으로 개선, 개화했다고 할 수 있다.

기업 경영의 세계에서도 마찬가지이다. 인류나 세상 전체의 흐름 속에는 기업의 흐름도 있고, 기업 경영의 세계는 정치나 학문의 세계에 비해 보다 자유롭고, 보다 능률적이며 그리고 보다 사회성을 추구하지 않으면 수익과 연결되지 않는 만큼,

인간성 존중과 새로운 사회 시스템에 대해서는 적극적으로 적응하려고 노력해 왔다.

그러나 일본의 유통업계와 같이, 새로운 업계들은 질서가 확립되어 있지 않은 데다가 전쟁 후의 물자 부족, 공급 부족이 계속되면서 업계 전체가 그야말로 호황 속에 30여년을 지내온 곳에서는 급속한 질서 확립을 위해 우선 강력한 업자가 나타났다. 그들은 철저한 이기주의와 강자의 잇점을 살려서 보다 더 강자가 되려고 노력하였으므로, 약자를 희생으로 하여 비대해졌다. 물론 희생을 강요하면서도, 업계가 호황에 있었으므로 약자도 충분히 윤택하다고 하는 배경도 있었던 것이다. 따라서 유통업계야말로 제3자가 보면 약육강식(弱肉強食)의 전형적인 세계이고 유통혁명론도 약육강식을 강자의 입장에서 정당화 했던 것이다.

그러나 유통업계도 1973년의 오일 쇼크 이래, 심각한 계기를 맞았다. 소비재의 공급 과잉은 상식화 되고 물건이 팔리지 않았다. 1980년 경부터는 강자였던 대부분의 소매 기업에 있어서도 경영은 힘들게 되었고 더구나 일반 유통 관계 기업에서는 그때까지의 '평소에 버티고 있으면 실질 매상은 전년보다도 증가하는 것이 당연하다'에서 '어지간히 버티어도 실질 매상은 전년 수준을 유지하는 것이 어렵다'가 되고 말았던 것이다. 그리고 이와 같은 환경에서는 이미 강자가 그 이기주의와 강자의 논리를 전개할 수 없게 되어 가고 있었다. 그 일례가 1979년 5월에 확정된 대형점의 분점(分店) 규제를 더욱 강화한 '개정 대규모 소매점포법'의 시행이고 또 1981년 10월의 대형점 분점 동결이었다.

이와 같은 정세 밑에서 탁월한 경영자인 소고의 미즈지마(水島) 사장이나 다이에의 나카우찌(中內) 사장은 거시적(巨視的) 발상과 선견성, 육감에서 탁월한 만큼 다음과 같은 미래를 내다보았을 것이라고 생각한다.

① 이제 곧, 아마 10년 후에는 정보화 시대가 온다. 그 때는 기업 그룹으로서 전국적인 정보 네트워크를 만들지 않으면 안된다.

② 유통그룹의 창설이 정보 네트워크 그룹을 만드는 가장 효율적인 방법이다. 전국적인 유통 그룹을 하루라도 빨리 만들고 싶다.

③ 앞으로 강자는 약자를 도와주지 않으면 안된다. 스스로가 리더로서 그룹화를 할지라도 세상은 변화하기 때문에 억지로 약자를 산하에 넣거나, 점령해 버리거나, 혹은 약자를 착취하기 보다도 독립적으로 참여하게 하며 즐겁게 그룹의 일원으로서 힘을 발휘하게 하는 것이 좋다.

④ 약자를 대우하고 도와주어야만 다른 약자도 자기의 그룹으로 참여할 것이다. 예컨대 지방 백화점이든가 중소 슈퍼들이 지금과 같이 어떤 그룹에 가입하지 않고서는 존재하기 어렵게 된다.

⑤ 유통그룹이 정보 네트워크 그룹으로 될때, 새로운 유통 혁명이 일어난다. 그것은 자본과 상품에 의한 것이 아니라 정보와 유통 기구에 의한 것인데, 10년 후에는 반드시 올 것이다. 그를 위한 방책으로서 비록 자선사업이라는 말을 들으면서 당장은 적자를 내더라도, 지방의 유력한 백화점을 도와주는 것은 크나 큰 잇점이 된다.

소고와 다이에 두 회사에는 능력이 있다. 그리고 제휴 거래선인 마루코와 보니모리야도 모두 지방의 유력한 명문 백화점이고 매장 면적에서도 1등점이다(매장 면적이 1등점이라고 하는 것은, 백화점이나 대량 판매점과 같은 대형 종합점에서 최고의 장사 방법으로 착실히 노력하면 그만큼 충분히 이익이 발생되고 장래성도 충분히 있다는 의미이다. 1등점 상법에 관해서는,《후나이식 경영법》,《후나이식 경쟁법》,《80년대 번영의 전략》,《유통혁명의 진실》등을 참조할 것).

내가 미즈지마(水島) 사장, 나카우찌(中內) 사장이었어도 아마 같은 의사 결정을 했을 것이다.

이와 함께 마루코·보니모리야 모두 현재는 아직 고전중이지만, 소고·다이에가 체면을 걸고 지원하려고 생각하며, 매장면적이 1등점이기도 하므로, 크게 정책적으로 잘못이 없는 한, 아마 수년내에 이익이 많은 상점이 될 것이고 각각 소고 그룹, 다이에 그룹 가운데서 중요한 역할을 하게 될 것이라고 생각한다.

3) 유통그룹이 정보 네트워크 그룹이 될 때, 신유통혁명이 일어난다

'신유통혁명'이라는 말을 사용한 것은 작년에 내가 PHP 연구소 발행의 종합 월간지 '보이스' 7월호에 '신유통혁명'이라고 하는 논문을 발표한 것이 최초이다. 이 논문은 뜻밖에도 내외에서 크나 큰 파문을 일으켜 화제가 되었다.

외국용의 '일본의 목소리'를 소개하고 있는 〈Japan Echo〉의 1982년 제3호(1982년 9월 발행)에 'The Coming Distribution Revolution' 이라고 하는 제목으로 영문으로 실린 것을 비롯하여 프랑스어, 한국어, 독일어 등으로 번역되고 여러 나라에 소개되었다. 지금도 여전히 각국 대사관이나 외무부에서 번역, 전재하고 있다는 이야기가 자주 날아들고 있고 이 논문을 금년 1월에 발간한 나의 최근저 《후나이 유끼오의 신경영혁명》(PHP 연구소 발행)에도 전재했으므로 국내의 여러 기업들로부터 문의도 많다.

이 책의 제명(題名)이 기본적인 사상의 원점이 되어 있고, 내 생각이 정리되어 표현되어 있으므로 다시 한번 원문 그대로 전재하고자 한다.

그런데 이 논문의 원고를 쓴 것은 1982년 6월이다. 그 때문에 사용된 숫자 따위는 좀 낡은 것도 있지만 내용적으로는 완전히 새롭고 지금도 쓰고 싶은 것은 거의 변함이 없으므로 그대로 전재한다. 한번 읽어 보시기 바란다. 한편 이 논문을 읽고 난 뒤 '유통 그룹이 정보 네트워크 그룹이 되었을 때 새로운 유통혁명이 일어난다'는 것을 설명하려고 한다.

● 신유통혁명── 구매욕을 끌어들이는 심리를 어떻게 활용하는가?

◇ 소비자는 이미 배부르다

1982년도의 정부 경제 전망이, 개인 소비 수요의 신장률을 전년비 3.9％라고 본 것에 대해 전문가나 매스콤 혹은 산업계의 제일선에 있는 사람들 사이에서 논의가 일어나고 있다. 몇 군데 연구 기관은 금년도 개인 소비의 신장률을 2~4％라고 예측하고 그 정도의 성장은 가능하며 또 반드시 달성하지 않으면 안 된다는 것을 발표한 바 있다.

정부로서 볼 때는, 이 신장률 여하에 따라 앞으로의 경제 정책 모습이나 세수의 규모는 크게 달라질 것이고, 현재의 재정 규모로 보아 달성 목표로서 3.9％라고 하는 숫자를 설정하지 않을 수 없는 것도 모르는 바가 아니다. 그러나 내가 평소에 관계하고 있는 유통업계의 대형 판매점과 백화점의 경영자들——그들은 소비 동향에 대해서 당연한 일이지만 극히 민감하다——에게 물어 보아도 그같은 낙관적인 숫자는 결코 나오지 않는다. 내 자신의 육감에서 보더라도 3.9％라고 하는 개인 소비의 신장률은 거의 불가능에 가깝다고 해도 좋을 것이다.

정부의 총리실이 분석, 조사한 '1981년도 가계 조사보고'에 의하면 작년 1월부터 10월까지의 소비 지출은 1세대당 월평균이 231,098엔. 전년과 비교하여 명목상 4.1％의 플러스지만, 실질상으로는 0.9％의 마이너스이다.

이 내역을 '내구(耐久)소비재', 의류품, 기타의 '반내구소비재', 식품 등의 '비내구소비재' 그리고 '서비스 관계'의 지출로 나누어 순서대로 살펴보면, 각각 실질상으로 1.5％의 플러스 5.4％의 마이너스, 0.1％의 마이너스, 1.0％의 마이너스로 되어 있다. 단순히 평균하면 전체적으로 1％ 정도의 마이너스가 되지만 제반 사정을 모두 생각하여 대체로 전년의 소비는 실질상 전년비 1％ 정도의 플러스에 그친 것으로 나는 보고 있다. 더구나 금년이 되고 부터는 작년보다도 냉각되어 있다.

그러므로 개인 소비에 3.9％나 되는 신장률을 기대하는 것은 아무리 생각해도 무리이다.

유통업계의 제일선으로 눈을 돌려도, 도쇼(東證)·다이쇼 (大證)의 일부 상장 대형 판매점 14개사를 예로 들면, 금년 1월부터 2월에 걸쳐서 전년, 같은 달보다도 매장 면적이 6.5％ 넓어졌음에도 불구하고 매상의 신장률은 5.7％에 머무르고 있다. 식료품은 7.3％의 신장을 보여, 명목상 조금 신장한 것

말고는 엇비슷하게 신장률이 저하, 특히 의류품의 매상은 전년 비 0.9%인데, 이것은 단위 매장 면적당 5%의 마이너스, 물가 상승치를 생각하면 실로 10%의 마이너스라고 해도 좋을 것이 다.

이렇게 생각할 때, 나는 분명히 소비자는 '이제 보통 물건에 대해서는 충분하다'고 말할 수 있다고 생각한다. 기업 쪽에서는 이제, 소비자는 이미 보통 물건에 대해서 배가 부르고, 더 이상 밀어 붙이는 판매는 거시적으로 무리라고 보지 않으면 안 되는 것이 아닐까. 이것을 단지 일시적인 현상이라고 생각하면서 구태의연한 방법을 버리지 못하고, 다시 대량 생산, 대량 판매, 대량 소비의 사회를 꿈꾸고 있다가는 산업계가 조만간 막다른 골목에 다다를 것이라고 해도 좋다. 세상은 변해가고 있다. 경제적인 제도로 '물질적인 낭비'를 만들어 소비와 생산을 신장시키는 시대는 끝나려 하고 있다. 바야흐로 공업화 우선 (물건 중심, 대량화 중심)의 생각에서 탈피하고 '물건' 보다는 '마음'이 우선하는 시대, 나아가서는 경제를 서비스로서 파악하지 않으면 안되는 시대가 왔다고 할 수 있을 것이다.

◇ 물질적 낭비, 경제의 막다른 골목

나는 이제까지의 선진국 산업 구조 방식이 '물질적 낭비의 제도화'를 추진해 온 사회라고 표현해도 좋으리라 생각한다. 이 '물질적 낭비의 제도화'라는 말은 경제학자 난파다 하루오 (難波田春夫) 선생의 명명인데 이것은 우리가 전쟁 후의 잿더미에서 다시 일어나 고도 성장을 성취하는 데서 불가결한 선택 이었다. 미국을 모방해 근대 공업사회의 핵심인 대량 생산 방식을 도입하였는데, 미국 이상으로 이를 제도적으로 성공시켰다. 즉, 보다 많이 만들고 보다 많이 파는 '모어 앤드 모어 (more and more)' 방침을 강력하게 실현한 사회를 만든 것이다. 하기야 더욱 더 만들지 않으면 안 되니까. 그를 위해서는 더욱 더 소비시키지 않으면 안된다. 사실은 아직 충분히 사용할 수 있는 상품을 '이제 못쓴다, 유행에 뒤졌다' 하면서 버리게 하고 대량 생산한 새 제품을 대대적으로 선전하여 다시 사도록 수요를 부추겨서 왕창 '물건'을 파는 방법——'물질적 낭비의 제도화'를 실현하는 것이 산업계의 주목적이었던 셈이다.

전후, 급성장한 산업을 관찰해 보면 대체로 대량 생산방식을 잘 활용해 이 물질적 낭비를 제도화 하는데 성공한 것이 많다. 합섬(合纖) 메이커를 비롯하여 약품, 자동차, 가전제품 등이 그 좋은 실례가 될 것이다.

그런데, 1973년의 제1차 오일 쇼크에 의해 크게 상황이 달라졌다. 사회 전체가 이제까지는 필요없는 낭비를 지나치게 해온 것이 아닐까 하는 것을 깨닫기 시작한 것이다. 그 전까지 '소비가 미덕'으로 인식되었던 사회에 대하여, '절약이야말로 미덕'이라고 말하기 시작하였고 물질적 낭비를 제도화 한 사회에 정면으로 의문을 던진 셈이다. 그러나 생각해 보면 인간사회에서 유사 이래 절약이 미덕이었고, 소비가 미덕이라고 일컬어진 것은 불과 최근 20년 정도의 일이었다. 자원 절약의 움직임이 인간성을 눈뜨게 했다고도 할 수 있을 것이다.

소비에 관한 경제학의 가설(假說)에는 2가지 유명한 것이 있다. 그 하나가 모질리아니와 듀젠베리의 '상대소득(相對所得) 가설'이고 다른 하나가 토빈의 '유동자산(流動資産) 가설'이다. 이것은 기업이거나 개인일지라도, 유동자산이 증가하면 그것에 비례하여 소비 지출도 증가한다는 것이다. 얼마 전까지는 틀림없이 이 가설이 통용되는 경우가 많았지만 작년

쯤부터 아무래도 불일치가 나타나기 시작했다. 작년 1년 동안에 일본의 총저축고는 70조엔 남짓 늘어났다. 이것은 1970년의 일본의 GNP에 상당한다. 분명히 말해서 유동자산이 증가된 것이 된다.

토빈의 가설에 따르면, 당연히 소비가 증가되지 않으면 이상한 것이지만, 현실적으로 소비는 전연 증가되지 않았다. 즉 유동자산 가설이 통용되지 않게 된 셈이다. 이것은 특별히 사고 싶은 물건이 없게 되었다고 소비자가 의사 표시를 하고 있는 것이라 해도 좋을 것이다.

이것은 '물질적 낭비의 제도화'에 소비자가 편승하지 않게 되었다는 것이기도 하다. 그 하나의 현상으로서, 맨 먼저 '유행'이 없어져 가고 있다. 금년의 발렌타인 데이는 과자업계의 대형 메이커들이 열심히 광고 선전을 펼쳤음에도 불구하고 완전하다고 해도 좋을 정도로 톱 클라스의 대형 메이커는 매상이 부진하였다.

정보의 조작으로 유행을 만들어 내고 소비를 부추기려고 하는 '선전의 효용'이 급속히 희박해지는 것이다.

현재 팔리고 있는 상품에는 유행 상품이 거의 없다. 지금 화제가 되고 있는 VTR, 귀금속, 스포츠 의류품, 건강 식품과 같은 것이 일반인의 화제는 만들지만 세상에 경제적, 사회적으로 큰 영향을 준다고는 아무래도 생각하기 어렵다. 유행이라고 하는 것과는 먼 것이라고 해도 좋다.

◇ '물건'에서 '문화'의 시대로

이런 상황이 산업계를 곤경에 처하게 하고 있다. 그 전까지는 매스 PR이나 미니 코뮤니케이션을 통해 대대적으로 선전하면 그 만큼 확실히 '물건'이 팔렸다. 그러나 지금은 완벽하게라고 할 정도로 일반적으로는 그 효과가 나오지 않게 된 것이다.

그래서 이번에는 '유행, 유행' 하는 것을 중지하고 '고부가가치화(高附加價値化)'라고 하는 것을 생각해 냈다. 이것은 일종의 브랜드 이미지를 높이는 방법인데 정보 조작, 여론유도를 통해 제품에 권위를 갖게 하고 소비자의 구매욕을 발동하게 하는 것이다.

마케팅의 분야에서 말하면, 여기에 가장 기여한 것이 '콘셉트 만들기'이다. 모든 업체들이 몇 해 전부터 '우리의 콘셉트는……'라고 하는 말이 나오기 시작하고 자기 회사의 생산이나 판매가 어떠한 콘셉트하에서 이루어지고 있는가를 앞에 내세우면서 '물건'에 권위를 부여하려고 하는 마케팅이 사회적으로 유행되었다. 이것은 한 때 크게 적중했다. '패션과 문화를 파는 백화점' '최고 인기품과 같은 품질의 물건을 반 값으로 봉사하는 ○○○○'라고 하는 캐치프레이즈로 눈깜짝할 사이 100억엔 매상에 성공한 예도 있었다.

그러나 이것도 얼마 안 가서 막다른 골목에 다다랐다. 그래서 이번에는 CI(코포레이트 아이덴티티)라고 하는 마케팅 수법이 눈길을 끌었다. '콘셉트 만들기'가 벽에 부딪힌 것은 세상이 변하고 소비자 중심의 시대에 기업의 주장을 너무나 강하게 밀어 붙이려고 한 것이 졸렬했기 때문이다. 그리하여 CI에서는 좀 더 세상의 움직임과 일체성을 유지하면서 총체적으로 기업 전체를 주장하자고 하는 것인데 '우리는 이런 회사입니다'라고 여러가지로 이미지 형성을 꾀하는 것에서 부터 시작했던 것이다.

이것도 어느 정도의 효과는 있었으나 최근에는 이미 통용되지 않게 되고 말았다(이것의 이유에 관해서는 졸저 《80년대 번영의 전략》과 《성공 이론》에 상술되어 있으므로 참조하기 바란다).

그리고 현재는 고객층에 강요하는 제품 만들기가 성공하지 못하게 되었다. 이전에는 물건이 팔리지 않으면 '고객층을 쥐어 짜라'라고 흔히 일컬어졌다. 마케팅의 기본 원칙으로 '고객층을 쥐어 짠 다음에 세그먼테이션'이라고 하는 것이 있었던 것이다.

그러나 지금은 고객층을 쥐어짜는 장사를 하는 순간 거의 모두가 실패한다. 전부터 경쟁이 격심해지면 세그먼테이션의 의미가 상실되는 단계로 들어간다는 것이 이론적으로 알려져 있었는데, 그 시대가 왔다는 증명인 것이다. 앞으로 제품을 공급하는 쪽은, 자기가 만든 자신있는 상품의 공급시대가 끝나게 되고, 개개인의 소비자가 탐내는 모든 물건을 갖추어 놓고 장사하지 않으면 안되게 될 것이라 생각된다.

이상과 같이 일본 경제의 라이프 사이클에서 보거나 이론적으로 토빈의 유동 자산 가설이 맞지 않게 된 것을 보더라도, 더구나 마케팅의 원칙에 비추어 볼 때, 소비자는 분명히 이이상 평범한 '물건'을 바라지 않고 있다. 이미 '물질적인 낭비의 제도화'를 추구하는 시대는 종착점에 이른 것이 아닐까 하고 나는 생각해도 좋으리라고 본다.

현대는 '물건'이 다량으로 남아도는 시대이다. 무리를 하면, 앞으로 몇 년 동안은 시장에 대한 억지 판매가 아직 가능할지도 모르지만, 10년 뒤, 20년 뒤를 본다면 전환기의 손실을 다소 각오하더라도 산업계는 진로 변경을 단행해야 한다. 일본 경제는 물질적 소비에 관해서는 성숙기를 맞았고, 바야흐로 성숙 후기 혹은 사양기로 접어들었다고 해도 좋을 것이다. 사회는

분명히 '물건'에서 '문화'라고 할 수 있는 물건 중심 시대가
끝나고 다음 시대로 옮아가는 과도기인 것이다.

◇ 유통혁명은 일어나지 않았다

일본 경제의 현상을 생각할 때, 또 하나 주목해야 하는 것은
전쟁후 일관되게 추진되어 온 '물질적 낭비의 제도화'가 동시에
'인적 낭비의 제도화'도 어쩔 수 없이 필요로 해왔다고 하는
것이다.

현재 일본의 제3차 산업은 엄청난 과잉 인구를 안고 있다.
유통업과 음식업 그 밖의 서비스업에 종사하는 인구는 약 1
,500만명이지만, 사실상 이것은 500만명으로 충분하다고 평소
에 나는 생각하고 있다.

전쟁후 제1차 산업의 취업자 인구를 감소시키고 다음에
제2차 산업을 감소시켰으며, 거기서 흘러 나온 인구를 모두
제3차 산업에 집중시켜 왔다. 그러나 제3차 산업이 부가가치를
눈덩이처럼 불어나게 할 수는 없다. 그래서 적은 부가 가치
를 전원이 서로 나누어 먹을 수 있는 구조를 만들어 냈던 것이
다. 이것이 일본인의 독특한 '페어 셰어'의 원리이다. 완벽하게
자유 경쟁을 하면 태반이 쓰러지게 되므로 소규모 영세 유통업
자를 보호하고 대기업의 활동을 억제하여 700만명이나 되는
잉여 인구를 먹여 살리고 있는 것이 오늘날 유통업의 모습이다
(현재의 유통업 취업자는 약 1,000만명인데, 적정인구는 30
0만명이라고 한다).

1960년대 초에 '유통혁명론'이 제창되면서 즉시 유통 기구의
대폭 합리화가 진행될 것이라는 말도 있었다. '유통 업계에서는
점포의 대형화, 체인화가 급속히 진행되고 규모가 적은 소매점

이 대타격을 받는다. 또 도매업은 급속히 정리되고 유통 경로가 획기적으로 짧아진다'고 하는 것이 그 대체적인 내용이었다. 이것이 60년대 중반이 되자 에스컬레이트되어 '슈퍼마켓 절대론' '도매상 무용론'까지 유포되기에 이르렀다.

그러나 현실적으로 이런 것들이 일본에서는 끝내 일어나지 않았다. 일어나려고 해도 일어날 수가 없었다고 하는 것이 옳은 말이다. 제3차 산업에 종사하는 사람들은 그 뒤에도 계속 증가되어 유통업계만으로 전 취업자의 20% 정도 되게 되었던 것이다.

나는 오래 전부터 '유통혁명이 일본에서는 일어나지 않는다'라고 계속 말해 왔는데, '유통혁명론' 그 자체를 비판할 생각은 털끝만치도 없다. 다만 일본에서 제1차 · 제2차 산업의 합리화가 진행되고 거기서 밀려난 인구를 안정적으로 흡수하는 역할을 제3차 산업이 수행하지 않으면 안되었던 것을 평가했을 뿐이다.

도매 · 소매 · 음식점 등의 업종은, 초보자라도 경영이 비교적 용이하고 많은 자금을 필요로 하지 않는데다가 노력 여하에 따라서 급성장도 가능하다. 즉 제3차 산업은 '수준이 변변치 않은 산업'이면서도 잠재된 실업자를 구제해 온 셈이다. 이러한 '인적 낭비의 제도화'를 실현하고 많은 사람의 생계를 유지하게 한 점은 간과할 수 없는 것이다.

경제적, 합리적으로 생각할 때, 사람이나 매장도 이미 지나치게 많지만, 이 '인적 낭비'는 나름대로의 큰 뜻이 있었던 것이다.

◇ 문화적 낭비의 제도화를

그러나 언제까지라도 이대로 좋다고 나는 생각하지 않는
다. 유통업이나 음식업 따위의 '변변치 못한 산업'에 이처럼
대량의 인원을 충당하고 있는 것은 대단히 낭비가 된다는 것이
틀림없기 때문이다. '인적 낭비'가 고부가치화에 연결되므로
이 점에서도 문제가 있다.

중국을 여행하면서 가장 놀란 것은 모든 호텔이나 백화점을
방문했을 때, 각 층마다 엘리베이터의 문을 여는 사람이 서
있는 것이었다. 이것은 한 예이지만, 잉여 인원을 이런 방법으
로 하는 수 없이 쓰고 있는 것이다.

또 전에 내가 묵은 북경(北京)의 숙박업소는 수용 인원이
25명 전후였다고 기억하고 있는데, 거기에는 언제나 52명의
종업원이 근무하고 있다. 실제는 하루 평균 5명밖에 숙박하는
손님이 없는데 불구하고 그만한 종업원을 두지 않으면 사람이
남아 돌아 문제가 되는 것이다. 마치 일본의 도로 공사와 같은
데, 잉여 인원을 어떻게든 쓰기 위해서 파냈다가는 묻고
다시 파낸다고 하는 상태의, '물질적 낭비'와 '인적 낭비'를
감행하고 있는 것이다.

어째서 인건비가 비싼 일본과 같은 나라에서 이러한 바보같
은 짓을 하지 않으면 안되는 것일까. 그것은 실업자가 많으면
안되고 일본에 제4차 산업이 발달되지 않았기 때문이라는
것으로 귀착된다. 제4차 산업인 '정보 지식산업'이 발달해 있기
만 하면, 제3차 산업에 방대한 잉여 인구를 쌓아 둘 필요가
전혀 없는 것이다.

정보 지식 산업이 발달한 사회란 한마디로 말하면 '문화적
낭비의 제도화'를 실현한 사회이다. 이 낭비는 '물질적 낭비'
나 '인적 낭비'와는 달라서 '낭비'가 '낭비'로 끝나지 않는다.
문화나 정보는 소비해도 줄지 않고 다른 큰 가치＝문화적 가치

를 만들기 때문이다.

산업계의 입장에서 볼 때, '정보의 가치'라고 하는 것을 우선 4가지로 생각할 수 있다.

우선 흔히 말하는 것으로, 유행 조작이나 여론 조작에 의한 '선전의 가치'가 있다. 다음에, 브랜드 이미지의 정착에 어떤 역할을 하듯이 '물건'에 부가가치를 주는 기능이 있다. 그러나 이것들은 이미 말한 바와 같이, 시대적 흐름에서 볼 때, 별로 효과를 발휘하지 못한다.

세번째는 '물건에 익숙해지는 것'이라고 표현할 수 있는 가치로, 컬처(문화·교양) 센터나 입시학원 등과 같이 정보를 그대로 상품으로 판매하는 방법인데, 이것은 지금도 인기를 끌고 있다.

그리고 마지막으로 '시간을 가장 유효하게 쓰기 위한 정보'라고 하는 가치가 있다고 생각된다. 소비자 한 사람 한 사람은 자기가 가지고 있는 시간을 가장 효과적으로 이용하기 위한 정보를 필요로 하는 시대가 되었다. 이 '인간 행동의 최고 효율화'야말로 '정보의 생산성'이라고 바꾸어 말할 수 있는 것이 아닐까. 만일 이 정보의 생산성을 높일 수가 있다면 '문화적 낭비의 제도화'가 산업의 기본으로서 성립될 수 있는 가능성이 틀림없이 나온다…… 라고 나는 생각하는 것이다.

'정보의 생산성'이라고 하면 고개를 갸우뚱하는 사람들이 아직도 있지만, 정보가 있으면 편리하다고 하는 것은 누구나가 인정한다. '생산성'이라고 하는 개념은 A. 토플러의 《제3의 물결》에도 있듯이, 시대에 따라 변해온 것이다. 농업사회에서는 '토지의 생산성'이 중심과제였고 이것이 크게 사회를 변용시켰다. 다음은 공업화 사회에서 '자본 생산성'과 '노동 생산성'이라고 하는 새로운 '생산성'이 출현하여 이제까지의 사회를 비약적으로 발전시켜 왔던 것이다.

소비자가 가장 효율적으로 시간을 활용하도록 봉사하는 산업 구조——이것을 실현시킴으로써 오늘날 정체되어 가고 있는 사회를 비약적으로 활성화 할 수 있게 될 것이다.

◇ 정보가 주역(主役)이 되는 사회란

그러면 '문화적 낭비'를 축(軸)으로 하는 산업사회, 소비사회 란 도대체 어떤 것일까. 이것에 대한 해답으로서, 소비자 개개 인의 욕구를 만족시키는, 모든 산업이 조직화 되고 그룹화 된 '조직적 정보 기업 집단'이라고 하는 것이 틀림없이 출현할 것이라고 나는 생각하고 있다.

구체적으로 설명하면, 우선 키 스테이션의 역할을 하는 '정보센터'가 중심이 되어 모든 업종을 조직화 하고 그룹에 참가 하는 점포나 메이커의 물품 구비 상황, 생산 능력, 서비스 상황 등 정보를 모두 집중적으로 관리한다. 동시에 이들 사이에는 정보 회로를 펴놓고 언제나 정확한 정보를 파악하도록 하지 않으면 안된다. 이것은 컴퓨터 노하우의 진보에 의해 지금도 충분히 가능하다. 다음에 이 네트워크를 완성한 뒤에 일정한 조건을 만족시킬수 있도록 소비자를 조직화, 그룹화 한다. 그리 고 통신 기구를 정비하고 각 가정에 단말기를 넣어 두면, 이 정보 기구에 참가하는 조직체나 그룹 전체가 소비 생활을 총체 적으로 처리하는 체제가 되는 것이다.

이렇게 되면, 그 그룹의 일원이 된 소비자는 마치 현재 일류 기업의 경영자가 하고 있는 것과 같은 정도의 고도한 시간 이용이 가능하게 된다. 가령 3시간의 빈 시간이 생겼다고 할 때, 그동안에 쇼핑·식사, 그리고 어떤 오락을 즐겨 보겠다고 생각했다고 치자. 그러면 단말기를 사용하여 '정보센터'에 문의하면 그 시간을 가장 효율적으로 사용할 수 있는 정보——어떤 가게에 가고 어떤 식당에서 식사를 하며 어느 영화관이 자리가 있다고 하는 정보가 원하는대로 나오는 것이다. 그 가운데서 하나를 선택하여 연락하면, 자동차 준비로부터 가게의 예약, 입장권의 준비, 그 밖에 행동에 필요한 준비를 모두 '정보센터'가 해 준다.

이것은 정확하게 들어맞을 것이고, 또 소비사회는 10년 뒤, 20년 뒤에 이런 방향으로 싫든 좋든 나아갈 것이 틀림없다. 사실 현재에도 그 '시초'라고 할 수 있는 현상이 있다. 요카시(四日市)시에 '슈퍼 산시'라고 하는 연간 매상고 200억엔의 식품 슈퍼가 있다.

이 슈퍼는 일본에서도 최고의 경쟁력을 가진 슈퍼로서 유명하다. 이 회사가 2년 쯤 전부터 새 사업으로서 회원제로 슈퍼마켓을 경영하는 '미에 산시'라고 하는 자회사를 만들었다. 1호 점포는 요카시시 교외의 주택가에 있는데, 회원밖에 이용할 수 없다. 지불은 모두 카드로 하고 월말에 현금으로 결제하는 방식이다. 그 대신 크게 디스카운트 해주며, 싸고 게다가 풍부하게 물건이 구비되어 있고, 점포에 없는 상품일지라도 회원의 주문이 있으면 곧 매입하는 태세를 갖추었다.

개점 당초는 회원수 1,700명이었고, 지금도 2,400명 정도이지만, 첫 해에는 8억엔을 웃돌았고, 금년에는 연간 10억엔의 매상고를 올릴 듯하다. 참으로 경이적인 연간 매상고이다. 고객층을 고정화 하면 압도적인 힘을 가지고 성장한다고 하는 **훌륭한** 예일 것이다. 이같은 점에서 정보화 시대에는 '고객의 그룹화, 고정화'로부터의 시작이라고 생각된다.

◇ 진짜 '유통혁명'의 시기

'정보센터'를 핵으로 하는 '조직적 정보 기업 집단'이 생기면 이제까지와 같이 '물건'에 따라 정보가 팔리는——브랜드 상품 따위가 좋은 예——것이 아니라, 정보에 부수적으로 '물건'이나 서비스가 팔리게 된다. 최종적으로는 하드웨어가 소비됨으로써 비로소 국민의 생활 수준, 문화가 향상되고 공업과 상업도 번영한다. 그런 점에서 정보와 서비스만을 별도로 생각한 것이 아니라 어디까지나 정보를 중심으로 한 소비생활을 실현하고 여기에서 새로 창출된 수요를 '물건'으로 채우는 시스템이다.

소비자는 몇 개의 그룹에 동시에 소속하면서 적당한 그룹을 선택하여 이용함으로써 생활 행동을 언제나 가장 효율적으로 진행할 수 있을 것이다. '물질적 낭비'를 강요받는 일도 없이 각각의 소비 수준에 적합한 욕구를 실현하는 것이 가능하게 된다.

또, 예를 들어 유통기업 그룹들이 이제까지와 같이 점포마다 다종다양한 수요에 한 점포마다 대응적으로 물건을 갖춘다고 하는 어려운 방법을 쓰지 않고, 그룹 단위별 포괄적으로 소비자의 생활을 커버하는 길이 열린다. 더구나 고객층의 흡수와 고정화를 하는 셈이므로 앞으로 경이적인 신장을 기대할 수 있는 조건인 것이다.

나는 이것이야말로 '문화적인 낭비의 제도화'를 기본으로 한 산업 구조의 방식이라고 생각하고 있다. 바꾸어 말하면, '정보의 생산성'을 최대한으로 살린 사회이다.

이 '문화적 낭비의 제도화'를 가로막는 요인은 주위를 둘러보아도 아무 것도 없다고 할 수 있다. 요는 생각하기라고나 할까, 인센티브만의 문제이다. 특히 일렉트로닉스(전자 기술) 그 밖의 기술이 발달하고, 마지막까지 '물질적 낭비의 제도화' 및 '인적 낭비의 제도화'가 도달한 일본에서는 사람들의 지적 수준과 알맞게 그리고 그 전환은 비교적 쉽게 진행한다고 확신하고 있다.

현대는 이러한 정보 중심의 소비 시대로 이행하는 과도기이다. '물건' 중심인 공업 중심 시대가 이제 끝나가고 있는 지금, 정보의 가치를 충분히 기능시키는 사회야말로 정체의 벽을 헐고 크나 큰 비약을 달성할 수가 있다. 그리고 그때야말로 제3차 산업이 '인적 낭비의 제도화'를 감행하지 않으면 안되는 사태도 해소된다. 즉, 제4차 산업의 정보 지식산업이 출현했을 때, 진정한 뜻에서 '유통혁명'도 실현 가능하게 되는 것이다.

나는 신유통혁명은 정보화 사회가 됨으로써 일어난다고 생각하고 있다.

제2장에서 설명하겠지만, 일렉트로닉스 기술과 컴퓨터 기술의 발달로 대중 개개인별 단위 관리나 가격 체계까지 관장할 수 있다는 것을 알 수 있다. 예를 들면, 내가 고문을 맡고 있는 (주)프레시시스템즈의 스토어리스·캐시리스 시스템과, 지금 일본에서 가장 발달되었다고 여겨지는 무점포 판매의 회사들은, 이미 한 사람 한 사람의 소비자에 대한 개인 관리가 궤도에 올라 있고 상품별 간격 체계 구성도 소프트 면에서는 개발이 끝났다. 10년 뒤는, 기술적으로 앞선 정보 통신 네트워크 그룹들은, 그 정보 통신 네트워크에 의해 고객 정보를 완전히 파악하고 활용할 수 있도록 틀림없이 될 것이다. 이것이 정보 사회의 실태라고 해도 좋은 것이다. 그리고 이것과 유통 기구, 이른바 유통그

룹이 같이 합병하거나 제휴했을 때, 물질적 낭비, 인적 낭비의 배제는 물론이고 예약 구매, 예약 판매 등이 궤도에 오를 것이라고 생각한다.

그리고 나는 다음과 같이 생각하고 있다. 정보 그룹뿐이라면 대중 개개인의 행동 범위에서 생각할 때, 한 지방만의 그룹으로 좋지만, 여기에 유통그룹이 관련되면 유통의 효율성이라든가 롯(rod)으로 볼 때, 역시 전국 네트워크가 필요하게 될 것이다.

그리고 유통업이 가장 정보산업과 가까워지고 반드시 유통 네트워크 그룹이 정보 네트워크 그룹으로 발전될 것이다.

그 이유는 나중에 제2장에서 설명하겠지만, 공업화 사회에서 원활하게 정보화 사회로 이행하기 위해서는 유통과 정보 그룹이 아무래도 일체화 되지 않으면 안되는 것이다.

내가 여기에 기술할 정도이므로 아마도 '소고'의 미즈지마(水島) 사장이나 '다이에'의 나카우찌(中內) 사장도 이런 것들을 확실히 파악하고 있든가 육감으로서는 알고 있을 것이다.

그 결과, 마루코(丸光)가 보니모리야(棒二森屋)에 대해 비상식이라고도 생각되는 지원이 되었다고 나는 이해하고 있는 것이다.

3. 급성장의 신소비자 사업

1) 제 세상 만난 '심부름 센터' 장사

최근에 예전에는 생각도 할 수 없었던 것 같은 장사가 번창하기 시작했다. 그 중의 하나에 '심부름 센터'가 있다.

물품배달이나 심부름센터라고 하면, 그 개척자적 존재인 '유낑(右近) 서비스 사'가 우선 머리에 떠오른다. 이 회사에 대해서는 텔레비전과 잡지 등에 소개되고 있어서 독자도 알고 있으리라 생각하지만, 이 회사는 도쿄 세다야구(世田谷區)의 마쓰바라(松原) 주변에서부터 장사를 시작했다.

이 회사의 팜플렛에 따르면, 업무 내용은 ① 방이나 뜰·형광등·환기 팬 등의 청소 ② 장보기·배달·자동차 운전·집지키기 등의 이른바 잡일 ③ 관청이나 세무서 등에 대한 수속 ④ 페인트 칠·미닫이 새로 바르기·자물쇠 닫기 ⑤ 조명 기구·각종 전기 기구·수도 꼭지·패킹·화장실·욕탕·파이프 등의 수리…… 등등, 어쨌든 손님이 원하는 요망에는 무엇이나 따르기로 되어 있다.

이 회사에 날아들어 온 독특한 의뢰 가운데는 '결혼 피로연장에서 주빈 인사를 해달라' '목욕탕에 같이 들어 가 달라' '이야기 상대가 되어 식사나 군것질에 어울려 달라' '지붕 위에 올라가서 고양이를 잡아 달라' '해외 여행에 같이 가 달라' '뉴질랜드로 시집간 딸의 사정을 알아봐 달라' 등, 꼭 개개인의 고민 해결업 같은 인상이 든다.

요금은 최저 3,000엔인데 고양이를 잡았을 때에는 너무나도 고생을 하였으므로 3만엔을 받았다고 하지만, 결코 비싸지는 않은 모양이다. 수요는 끊일새가 없어서 즐거운 비명을 지르고 있다고 한다.

이와 같은 심부름센터가 지금 전국에 50개사 정도 있다고 하며, 대도시를 중심으로 급속도로 증가중인데, 경영 규모도 이미 100명이 넘는 종업원을 거느리고 있는 곳도 나타나고 있다. 다까라즈카시에 있는 우리 집도 이따금 심부름센터의 신세를 지고 있다. 바로 요전에도 8,000엔에 대청소를 부탁하고, 필요없는 물건들은 모두 가져 가게 했다. 정말이지 바야흐로 제세상 만난 심부름센터라고 할 수 있다.

그런데 역시 이 심부름센터의 일종이라고 생각해도 좋지만, 이 직업이 주로 개인에 대한 서비스업인 것에 대해 사업에 대한 서비스업으로서 지금 급성장하고 있는 것이 전문가 파견 비즈니스이다.

기업에서는 '이 때만 잠시 일손이 있었으면 좋겠다'든가 '전문가를 필요한 때만 수시로 쓸 수 있었으면' 하는 경우가 많이 있다. 특히 최근에는 '인건비도 변동비(變動費)로 생각해야 한다'고 하는 경향이 나타나고 있기 때문에 우선 수요자의 요망에 따라서 전문직을 돕는 사람의 비즈니스가 성립되게 되었다. 한편, 전문적으로 어느 직종에 능력있는 사람도 나름대로 충분히 자신을 활용하고 싶다는 것이 일치한 것이다. 거기에는 하청이라고 하는 어두운 이미지는 없고, 수요도 급증되고 있다. 전문가도 스탭으로서 충분히 능력을 발휘하고 있다.

덧붙여서 알아 보면, 인재 파견업자 수는 현재 약 60개사이지만 멀지 않아 5배는 증가될 것이 틀림없다고 하며, 등록되어 있는 파견 스탭은 지금으로서 4만명 정도가 되는 모양이다. 나의 회사＝일본 마케팅센터도 자주 그들을 이용하고 있다. 주로 OA 관계의 오퍼레이터 등인데 매우 귀중한 보물이다. 지금 이 업계에서 최대 업체인 맨파워 재팬과 템퍼러리 센터는 각각 6,000명이 넘는 스탭을 가지고 있고 작년 1년 동안에 스탭을 파견한 기업체는 두 회사 모두 3,000개사 이상이라고 한다.

그런데 '심부름센터'나 '전문가 비즈니스'의 번영은 고객들 각자의 요망에 개별적으로 대응하는 것이다. 그리고 이렇게 볼 때, 그것은 시대의 변화에 대응하는 뉴 비즈니스로서 크나큰 뜻을 지니고 있는 것이다. 그 점을 다음에 설명하겠다.

2) 앞으로 번영할 4개의 산업과 새 소비자 산업

기업 경영자에게 있어서 최대의 관심사는 앞으로 번창할 사업이 팔릴 상품은 무엇인가 하는 것이다. 시류에 맞는 앞으로의 장사나 상품을 알고 여기에의 대응을 생각하는 것이 경영자의 최대 책무이다. 기업의 성장 유지, 수익의 확보, 안정성의 확립을 위해 무엇보다도 키 포인트가 된다.

그런데 거시적으로 보면 앞으로 번창할 사업이나 산업 등은 뜻밖에도 분명히 파악하기 쉽다.

예를들어 일본이라고 하는 한정된 조건에서 볼 때, 앞으로 10년 동안 해마다 실질적으로 전년비 10％ 이상 계속 신장할 것 같은 산업이라고 하면 그것은 크게 보아 4개라고 말할 수 있다.

그 하나는 컴퓨터, 일렉트로닉스 관계 산업이다. 이에 대한 설명은 지금으로서 할 필요가 없을 것이다.

두번째는 라이프 사이언스 관계의 산업이라고 할 수 있다. 아름다움·건강·장수 등을 목적으로 하는 이 분야는 바이오 테크놀로지의 개발에 의해 급속히 발달한 것이다. 비근한 예를 들면, 나도 바르고 있어서 양모제인 '불로림(不老林)'이 힛트 상품이라는 것을 잘 알고 있지만 앞으로 항암제 등이 개발되면 이 분야는 계속 신장할 것이다.

그리고 세번째는 신소재(新素材)와 관련된 산업이다. 탄소 섬유, 파인 케미컬·뉴 세라믹 등, 이 분야의 성장도 누구나 인정하는 것이다. 이것도 설명은 생략한다.

그런데 네번째가 신소비자 산업이라고 할 수 있는 분야이다.

앞으로는 소비자가 아니라 생활자라고 부르는 것이 옳다고 여겨지므로 새 생활자 산업이라고 하는 것이 좋을지도 모르지만, 요는 소비 생활과 관련된 새로운 장사가 신장된다고 하는 것이다.

이 새로운 장사 가운데서도 앞으로 10년 동안 해마다 실질적으로 전년비 20% 이상은 신장될 것이라고 보여지는 것이 다음의 5가지 사업으로 알려져 있다.

① 대행업

소비자나 생활자 대신에 그들의 요망을 채워 주는 행위를 하는 장사인데, 심부름센터 등도 완전한 대행업의 일종이다. 심부름센터만큼 올라운드(만능)는 아니지만 집안 일 일체의 대행업부터 시작하여, 청소 대행업, 장보기 대행업 등은 지금 전국 어디서나 대유행이다. 얼마전에는 고향을 떠난 사람들을 위해 성묘와 묘지 청소의 대행으로 인기를 끌고 있다고 하는 성묘 대행업이 번창하고 있다는 얘기를 들었다. 또 금년에 고교를 나오고 도쿄의 대학에 들어갔기 때문에 혼자서 생활하게 된 아들에게, 내가 먼저 가르친 것은 몇 해 전부터 도쿄에서 크게 번창을 하고 있는 모닝콜 책임기업의 일이다. 아들이 이용하고 있는지 어떤지는 알 수 없지만, 이것도 아내나 어머니 대신에 아침 잠이 많은 사람들을 깨우는 일종의 대행업이다. 이처럼 지금 대행업은 한창 번창하고 있다고 할 수 있다.

바야흐로 대행업은 옛날과는 달리 법무사·변호사·세무사 등과 같은 전문적인 지식이나 자격을 필요로 하지 않는 업종이 번창하고 있다. 이 업종은 대중이나 서민 개개인의 요청에 따를 수 있는 것이 성립의 조건이고 요망 사항이 많은 것이 번창의 조건이기 때문이다.

앞으로 이 대행업이 더욱 번영하리라는 것은, 그 편리성에서 생각하거나 제4차 산업적 특성에서 생각하더라도 틀림없다고 여겨진다(제4차 산업적 특성이 있는 장사가 앞으로 시류에 맞는다는 것은 뒤에서 설명하겠다).

② 정보 제공업

현재 급속히 증가하고 있는 업종들은 많이 있다. 그 가운데서 나같은 경영 컨설턴트나 경영자가 주목하고 있는 것이, 조직체의 증가와 정보량의 증가 상태이다.

그 밑바탕에는, 현재 조직체의 일원이 되어 있지 않으면 대단히 생활하기 어렵다고 하는 것이 있다. 그것을 뒷받침하는 듯이, 조직체의 수는 최근 10년을 보면 해마다 20 % 이상이나 증가되고 있다고 한다. 한 예를 들겠다. 나는 1969년, 그 때까지 근무하고 있던 일본 매니지먼트협회를 사직했다. 혼자서 마음 편하게 경영 컨설턴트 사업이라도 시작할까 하고 생각했던 것인데, 병에 걸려 의사를 찾아갔을 때, 깜짝 놀랐다. 그전까지는 의료 보험으로 첫 진찰료만 내면 되었으므로, 의사에게 가면 이처럼 돈이 많이 든다고는 생각하고 있지 않았던 것이다.

그 때문에 의료 보험증이 필요하게 되고, 허둥지둥 1970년에 지금의 회사를 만들었던 것인데, 이것으로 조직체가 하나 증가한 셈이다. 아무래도 앞으로는 조직체와 관계를 맺고 있지 않으면 살아가기가 어려울 것 같다.

그런데 조직체라고 하는 것이 일단 생기면 비대하거나 성장하려고 하고 영속하려고 한다. 내가 만든 일본 마케팅센터라고 하는 회사도 어느 사이엔가 일본에서 톱 클래스의 경영 컨설턴트 회사로 성장했고 관련 자회사도 20개사 가깝게 증가했다. 더구나 그 우두머리인 나는, 여기까지 계속 성장했기 때문에 10년 뒤에는 매킨저나 보스턴 컨설턴트를 능가하는 세계에서 톱클래스의 경영 컨설턴트 회사로 키우겠다고 생각하고 있고 관련된 자회사도 100개 정도로 만들어 보겠다는 꿈을 키워가고 있다. 나의 회사의 간부 여러 사람들도 아마 같은 생각일 것이다.

이루어질 가능성은 적지만, 이루어지지 않는다고 단언할 수도 없으므로 장래에 대한 꿈은 재미가 있다. 더구나 꿈은 더욱 더 부풀어 간다. 그 이유는 정보량이 그야말로 기하급수적으로 증가되고 있기 때문이다.

'앞으로의 1년은 과거의 10년에 해당된다'라든가 '앞으로의 10년의 변화는 과거 100년간의 변화에 해당된다'라고들 흔히 말하는데, 그것은 정보량이 그만큼 많이 유통되고 이것이 세상을 바꾼다고 하는 것이다. 인간의 지혜는 계속 발달한다. 아직도 모르는 것이 세상에는 많이 있지만, 그래도 해마다 많은 것들이 해명되고 발명·발견된다. 이것들이 세상을 진보하게 한다. 정보로서 계속 쏟아져 나오는 것이다.

정보의 축적이나 유통 방법도 계속 새로운 것이 나오고 있다. 그 결과 정보량이 기하급수적으로 증가되고 세상도 기하급수적으로 변화를 일으키게 되는 것이다. 일본과 같은 나라에서 살고 있으면 최신·최첨단의 탐나는 정보를 수집하는 것은 별로 어려운 일이 아니다.

그 결과 한번 만든 조직체를 유지하고 확대하며 성장시키는 수법도 얼마든지 발견할 수 있게 되었고, 조금만 노력하면 꿈은 실현되는 것이다. 또 그것에 의해 꿈은 또한 한없이 부풀어 가게 된다.

원래 조직체는, 행정 개혁에서 실행이 큰 문제이듯이 만들어진 이상 영속적으로 비대하게 하고자 하는 작용이 있다. 더구나 그 작용을 정보에 의해 충족시킬 수 있는 시대가 되었으므로 앞으로 10년이 지나면 필요없는 조직체 파괴가 지도자들이 유능한 학자들에게 있어서 세상을 발전시키기 위한 중요한 과제가 될 것이다.

세상이 복잡하게 되면 될수록 사람은 조직적으로 살아나가지 않으면 안된다. 그것은 효과적으로 사는 것과 연결된다. 더구나 여기서 잊어서는 안되는 것은, 사람이 효율적으로 산다고 하는 것이 개개인에 있어서 개성적으로 사는 것이기도 하다는 것이다.

이 어려운 과제를 컴퓨터와 일렉트로닉스 기술의 발달이 해결해 주었다. 정보화 사회란 조직적이고 그룹적인 사회이지만 한편으로는 개별적인 대응사회이기도 하다.

이 점을 좀 더 설명하겠다.

정보의 기본은 그 다양성에 있다. 정보량이 늘고 분석되며 정보가 확실화 되고 스피드화 된다고 하는 것은, 다양화가 가능해진다고 하는 것이다. 원리적으로 정보화 사회는 다양화, 다각화 사회가 되지 않을 수 없다고도 할 수 있을 것이다.

이것이 이제까지의 공업화 사회와 가장 크게 다른 점이다. 말하자면 공업화 사회에서는 규격화 된 제품의 대량 생산이 모든 기반이었다.

대량 생산, 대량 판매, 대량 소비, 대량 선전 등의 '매스 (Mass)'가 공업화 사회의 특질이었고, 그 시대는 다양화, 다각화보다도 규격화, 획일화의 시대이고 거기에 최대의 장점이 있었던 것이다.

그러나 앞으로는, 예컨대 메이커일지라도 이제까지의 소품종의 대량 생산으로는 시류에 대응할 수 없고, 다품종 소량 생산이 역시 중점이 되며, 그것이 생산을 위한 기계의 특질이 될 것이라고 말하지 않을 수 없을 것이다.

알기 쉽게 말하면, 정보 혁명이라고 할 정보화 기술의 발달이 가져 오는 것은 양이 아니라 질이고 다양성이므로 개개의 상품 생산량은 말할 것도 없고 의류품이나 식품과 같이 통합된 품목들의 전체적인 소비량도 앞으로는 감소될 것이 예측되는 것이다.

여기서 주의하지 않으면 안 되는 것은, 당분간 컴퓨터화에 따라서 규격화, 획일화가 더욱 진행될 가능성이 있으므로, 과거의 타성이 그와 같은 방향으로 기업이나 업계를 발전시켜 나아갈 것이다.

그것은 이미 말한 바와 같이, 이제까지와 같은 '물건'은 별로 사고 싶지 않다는 대중의 욕구에 무엇보다도 어긋나는 것이 되고 '인간성'이나 '생성 발전의 원리'에도 크게 거스르게 된다.

이 경우 중요한 것은, 컴퓨터 내부의 기술인 코드화와 정보화의 본래 모습, 즉 인간 생활의 고도화(개성화, 다양화)에 대한 봉사와 구별하여 대응하지 않으면 안된다고 하는 것인데, 이것을 잊으면 컴퓨터의 발달은 수요면에서 반드시 조만간 타격을 받아 발전이 위축될 것이라고 생각된다.

도오다이(東大)의 다께우찌 히로시(竹內啓) 교수는 여기에 대해 '만일 컴퓨터화가 생활 속에서의 코드화와 규격화를 강요한다고 하면, 그것은 기술 미발달의 결과에 의한 과도기적 현상이라고 생각하지 않으면 안된다'고 말하고 있고, 이미 현실적으로 정보화나 컴퓨터화는 다양화, 개성화와 연결되어 가고 있다. 예컨대 자동차와 프리패브(조립식 주택), 기계로 만드는 주문복 등의 컴퓨터화, 정보화에 의한 다양화, 개성화의 은혜를 나와 같은 개성적인 사람도 이미 지고 있고 나름대로 만족하고 있다. (《후나이 유끼오의 신경영혁명》PHP 연구소 간행, 1983년, 189~191 쪽).

이야기가 어려운 쪽으로 흘렀으나, 이 쯤에서 결론을 말하겠다.

정보량이 증가해도 정보를 받아들이는 개인이나 기업은, 그 모두가 필요한 것은 아니다. 받는 쪽에서는 정보 범람이 반대로 정보 선택을 필요로 하는 것은 당연하다. 물론 정보의 특성이지만, 그 좋은 점은 필요한 정보만을 받는 쪽이 취사 선택할 수 있다는 것에 있다. 이제부터 날이 갈수록 정보가 증가되고 다양화 되며 또 받는 쪽도 다양화, 개성화 된 즉시 이용할 수 있는 정보를 필요로 하게 되는 만큼, 정보 제공업의 장래성은 무한한 가능성을 간직하고 있고 언제까지나 성장을 계속할 것이다.

③ 신용 공여(供與)에 관한 장사

프로미스 198억엔, 무후지(武富土) 183억엔, 히다찌(日立) 크레디트 174억엔, 오리엔트 파이넌스 172억엔, 닛뽕싱한(日本信販) 152억엔, 레이크 108억엔, 아콤 100억엔, 산요싱한(三洋信販) 71억엔, JCB 49억엔, 라이프 42억엔이라고 하는 것이 1982년의 소비자 금융기관의 신고 소득 베스트10 기업과 그 신고 소득액(1,000만엔 이하는 제외시켰다)이다. 이것만을 보아도 참으로 굉장한 업계라고 할 수 있다.

사실, 소비자 금융업에 대해 바야흐로 대형 은행으로부터 대형 유통업까지가 적극적으로 참여하기 시작했다. 물론 급속하게 돈을 떼이는 경우가 늘어나 여러가지 점에서 사회 문제화 되고 있는데, 예를 들어 유통 기업이 참여한 소비자 금융에 있어서는 마루이(丸井), 니시다께(西武) 크레디트, 마루코(丸興) 등의 월부 노하우가 있었던 곳은 순조롭지만 그 외에는 대부분이 채산이 안 맞아 고민하고 있다. 그 이유는 개인 신용 정보라고 할 수 있는 여신 심사의 정보와 노하우가 결여되어 있었기 때문이다.

그렇기는 하지만, 캐싱 서비스 수요라고 할까, 흔히 말하는 소비자 금융에 대한 수요도 일본에서는 현재 약 5%의 사람들이 이용자인데, 선진국 미국의 예를 보더라도 현재의 2~3배 사람들에게까지 확대될 것으로 추정된다.

더구나 캐시리스(cashless)화에 의해 일거에 소매점 등에서 매상이 올라가는 것을 보아서도 캐시리스화는 더욱 진행될 것이라고 상정할 수 있는데, 어쨌든 소비자 신용은 더욱 더 중요해지리라고 생각된다. 신용 공여에 관한 장사는 이처럼 수급 양면으로부터의 요망에 따라 역시 앞으로 10년 동안은 급신장할 사업이 될 것이다.

④ 가정 배달업

1982년 중, 대형 가정 배달 회사가 취급한 급속 배달수는 대체로 다음과 같다고 추정되고 있다. 톱은 야마토(大和) 운수의 구로네코 가정 배달편으로 약 7,300만개, 이어서 일본 통운의 페리칸 편이 2,000만개 이하, 전일본 유통의 푸트워크가 2,000만개, 니시부 운수의 니시다께 가정 배달편 1,000만개, 니시고이(西濃)의 캥거루 가정배달편 1,000만개, 메이데쓰(名鐵) 운수의 메이데쓰 가정 배달편 500만 개, 후꾸야마(福山) 운수의 시스템 가정 배달편 250만 개, 토나미 운수의 후루사도(고향) 특급편과 가정배달편 특급편이 150만개라고 하는 상황이다.

이같은 취급량의 수가 금년에는 아마도 다음과 같이 늘어날 것이라고 전망된다. 주요 회사만을 소개하면, 구로네코(검은 고양이) 가정급편은 1억개에 이를 것 같고, 니시다께 가정 배달편, 캥거루 가정 배달편도 각각 1,300만개는 넘는 것 같다. 또 메이데쓰 가정 배달편은 1,000만개 이상으로 배증할 것이 확실하며, 새로 이 업계에 참여한 가정 배달 110번 회사인 쓰바메(제비) 편은 초년도부터 수백만개를 다룰 것 같다. 단순히 계산하여도 신장률은 30%가 되지만, 최근에는 우체국이나 국철(國鐵)의 창구에서도 값싸고 빠른 가정 배달편을 권장하고 있는 등 웃지 못할 얘기까지 나돌기 시작했다.

이와 같은 가정 배달업 뿐만이 아니라 방문 판매를 업무의 중심으로 하고 있는 다스킨·노에비아·야쿠르트 등의 업종도 순조롭게 신장되고 있고, 저녁 반찬 가정 배달업이나 세이쿄(生協)의 가정 배달 사업도 나날이 영업 실적을 높여가고 있다.

백화점의 외판 비율(총매상에서 차지하는 외판 매상의 비율)도 해마다 신장을 계속하고 있는데, 도시 백화점에서는 이미 1~2년 내에 50%에 이를 것 같고 지방 백화점에서도 현재의 20% 정도가 몇 년 뒤에는 40~50%에 이를 것이 우선 틀림없을 것 같다.

어째서 가정 배달이 이처럼 신장하는가. 그 대답은 손님이 그것을 바라고 있기 때문이지만 큰 이유는 보통의 경우, 일반 소비자에 있어서 찾아가서 하는 쇼핑은 결코 즐거운 것은 아니라고 하는 것과, 고객(일반 소비자)이 개별 대응을 받고 싶다고 하는 시대의 요구에 가정 배달이 멋지게 따랐다고 하는 것이라고 본다.

⑤ 무점포 판매

이제까지의 무점포 판매는 주로 통신이나 카탈로그 판매에 의하여 이루어져 왔다. 일본에서는 메이지(明治) 23년(1890년)의 종묘(種苗) 카탈로그 판매가 최초이고 유통 선진국인 미국에서도 1892년(메이지 25년)몽고메리워드가 통신 판매를 시작한 것이 근대적 무점포 판매의 기원으로 알려져 있다.

일본의 통신 판매, 카탈로그 판매 비즈니스는 1899년에 미쓰고시·다카지마야(高島屋), 오마루(大丸) 등의 일류 백화점이 참여했고, 다이쇼(大正)시대에는 크게 번창했으나, 쇼와(昭和)에 들어와서부터 신용이 없고 도덕적으로 문제있는 업자의 참여에 의하여 급속하게 쇠퇴되었다.

그것이 전후, 소화30년(1955년) 후반부터 대형 백화점의 참여와 일본 멜오크·니코(二光) 통신 판매 등의 설립, 일본 다이나스 클럽을 비롯하여 은행계 카드 회사의 계속적인 참여 등으로 갑자기 햇빛을 보게 되었다.

그러나 1970년의 닛센, 71년의 레코드까지는 좋았으나 72년에 대대적인 선전으로 설립된 GM과 74년에 설립된 센쇼(專商)가 1979년 12월에 잇따라 도산하고부터 일본에서의 통신 판매, 카탈로그 판매는 현재도 제자리 걸음의 상태라고 말할 수 있다. GM이나 센쇼의 도산 원인을 나와 같은 경영 전문가의 눈으로 보면, 하나는 방만 경영이라고 할 수 있지만 다음에는 일본에서의 통신 판매, 카탈로그 판매 비즈니스가 지닌 어려움 때문이라고 말할 수 있다.

1982년도 통신과 카탈로그 판매의 총매상고는 5,500억엔, 그 밖에 카탈로그 방문 판매의 300억엔과 세이꾜(生協) 등에 의한 카탈로그 공동 구입의 2,100억엔을 더하면 총액으로 8,000억엔을 약간 밑돌고, 약 일본의 소매 총판매액의 1.0％ 정도로서, 유럽의 5％, 미국의 10％에는 장래에도 도저히 따라갈 수 없을 것 같다.

그럼에도 불구하고, 무점포 판매가 급신장하고 있는 것은 이를테면 1979년에는 제로에 가까웠으나 반찬의 가정 배달액이 82

년에는 2,300억엔에 이르고 화장품의 노에비아, 여성 속옷의 샤를레, 침구의 업계에서도 매상 규모는 몇년 사이에 2~3위에 이르기까지 신장되고 있는 것이다.

이와 관련하여 1975년 11월에 창립된 샤를레는 78년의 매상이 10억엔 정도였으나, 79년 약 18억엔, 80년 32억엔, 81년 79억엔, 82년 143억엔으로 계속 증가되고, 83년에는 200억엔에 이를 전망이다.

그리고 몇 해 전, 연간 1조엔 정도였다고 여겨지는 백화점의 외판 매상고도 2~3년 뒤에는 5조엔에 이를 것으로 보이는데, 방문 판매, 직판이 무점포 판매 신장의 원동력이다.

그리고 이와 같은 수요는 1장의 첫머리에 소개한 것 같은 '스토어레스 세미나'의 성황으로도 알 수 있듯이, 고객 심리와 합치된 본격적인 스토어레스 시스템이 지금 곧 출현하려 하고 있으므로, 앞으로도 급증될 것이라고 생각된다. 그리고 그 포인트는 개별적인 대응인 것이다.

3) 앞으로의 비즈니스=그 핵심은 개별적인 대응이다

'물건이 남아돌고, 물건이 팔리지 않게 되며, 그러나 물건을 팔고 싶다면 손님과 인간적으로 친해지고, 밀착되어야 한다. 그리고 손님의 요망이나 관심사에 개별적으로 대응하지 않으면 안된다'라고 한다. 이것은 세일즈의 원점인데, 조금이라도 세일즈를 해본 사람이라면 누구나 다 알고 있는 상식이다.

아무래도 현재는 그와 같은 시대로 된 것 같다.

물건 부족의 시대부터 인간에게 가장 즐거운 것은 다른 사람이 개별적으로 자기의 요구와 기호에 대응해 주는 것이었다.

남자에게 있어서 아내가 고마운 것도 같은 이유에서이고, 혹은 바쁜 사람에게 있어서 유능한 비서가 없어서는 안되는 것도 한편으로는 개별적으로 조건을 만족시켜 주고 있기 때문이다.

현대를 퍼스널 마케팅이 가장 중요한 시대라고 하는 것은, 물건이 남아 돌고, 물건이 팔리지 않게 되었다는 것과 관련이 있다고 해도 좋다.

그리고 정보화 사회라고 하는 것도 또한 개별 대응을 위한 사회라고 생각해도 좋다.

모든 사람이 기대하고 있던 개별 대응이 일렉트로닉스 기술과 컴퓨터 기술의 발달로 인해 정보 통신 네트워크 그룹 기구라고 하는 모습으로 가능해졌다.

조금 분야가 다르지만 한가지 실례를 들어보겠다.

팬시(Fancy) 상품의 산리오는 드물게 볼 수 있는 좋은 업적의 회사이고 급성장 회사이지만, 그것을 지탱하고 있는 원인의 하나는 TDE 시스템(텔레폰 데이터 엔트리 시스템)의 도입인데, 정보 통신 네트워크 그룹을 만들어 고객인 소매점이나 거래처를 멋지게 개별 대응하고 있는 것을 들 수 있다.

지금으로서 산리오의 상품 아이템(품목수)은 약 6,000개, 거래처 메이커는 약 700개사, 주요 단골 소매점은 약 3,000 점포이지만, 우선 산리오에서는 단골 소매점의 능력을 완전히 파악하고 있다. 그 뿐만 아니라, 주요 소매점에 공급된 산리오 상품의 아이템과 재고현황, 그 날 무엇이 얼마나 팔렸는지를 정확히 파악하고 있다.

그 이유는 산리오 상품을 취급하고 있는 소매점의 각 매장 전화기가 산리오의 센터 컴퓨터와 온라인으로 연결되어 그 단말기로 되어 있고, 매일 전화기를 통해 소매점의 점포 정보가 입력되어 오기 때문이다.

이 전화기를 단말기로 만든 시스템을 텔레폰 데이터 엔트리 시스템이라고 하는데, 이 시스템의 도입으로 점포 정보 뿐만 아니라 점포로부터의 주문도 순간적으로 할 수 있고 그것에 대한 주의(예컨대 '그 상품은 당신 가게에서는 그렇게 많이 주문해도 팔다 남게 되리라고 생각합니다' 하는 것과 같은 음성적인 주의도 할 수 있다)나 주문의 확인 등도 즉시 할 수 있다.

현재 산리오의 경우, 하루에 8만~25만 매의 소매점으로부터의 주문 전표가 이 단말 전화기를 통해서 도쿄 고시나카지마의 물품 유통센터에 있는 센터 컴퓨터에 보내지게 되는데 그것들은 점포별로 정리되어 주문이 있던 다음 날 저녁 6시까지는 운송회사에 넘겨지게 되어 있다. 6,000 아이템이라고 하는 것은 식품 슈퍼의 아이템이지만, 한 사람의 손님이 식품 슈퍼에서 자기가 필요로 하는 상품을 고르는데 약 15분 걸린다. 알기 쉽게 말하면, 한 사람의 손님이 요구하는 상품을 6,000 아이템에서 고른다고 하면, 1시간에 4명의 손님만을 해결하고, 8시간 근무시간에 30명분 정도이다. 고객 한 사람의 구입 아이템이 20 아이템씩이라고 해도, 600아이템의 주문 전표 이상은 커버할 수 없다고 하는 것이 된다.

그러나, 현재는 하이테크(하이테크놀로지)의 시대이고, 산리오에서는 몇시간에 25만장을 거의 기계가 3,000 점포로 선별해내는 것이다.

좀더 자세히 설명하면 산리오의 경우, 주문을 받은 다음 다음 날에는 전국 60%의 점포에 상품이 도착되고 그 다음 날에는 오키나와, 홋카이도의 변두리 등 이외에는 반드시 상품이 도착되는 것으로 되어 있다. 고시나카지마(越中島) 1개소의 물품 유통센터에서만, 더구나 중단되는 일 없이 연간 100회전을 넘는 상품 회전이라고 하는 놀랄만한 좋은 효율로써, 주문받은 뒤 실제 3일 뒤에는 전국 방방곡곡까지 상품을 전달하게 되는 이 산리오의 현상은 컴퓨터 일레트로닉스 기술의 발달로 개별 대응이 가능해졌기 때문이다.

그 위에, 소매점에서의 상품 동향을 바탕으로 약 700개사의 메이커에 계속적으로 주문할 수 있고, 또 소매점 정보를 참고로 새 상품의 머천다이징을 할 수 있고, 히트 상품을 만드는데 기여할 수 있으므로 컴퓨터와 일렉트로닉스 덕택이라고 할 수 있다.

이와 같은 시스템이 소매점과 손님 사이에서도 충분히 가능하다는 것은 당연한 이치이고 대중 개개인에 대한 개별 대응은, 상품의 고객별 단일품목 관리를 기초로 기술적으로는 지금도 충분히 가능한 데까지 와 있는 것이다.

물건이 팔리지 않게 되었다고 하는 것과 이제 곧 정보화 사회가 찾아온다고 하는 것 → 그 결정적인 핵심을 개별 대응이라고 생각하고, 앞으로 번창될 것이라고 여겨지는 새 소비산업의 5가지를 바라보면, 그것은 모두 대중 개개인에 대한 개별 대응을 전제로 하고 있는 것을 알 수 있다.

그리고 신유통혁명이 대중 개개인에 대한 개별 대응에 의하여 성립되는 것이라는 것도 지금으로서는 자명한 이치가 되고 있다. 왜냐하면 그것은 유통그룹과 정보그룹의 일체화이고 정보통신 네트워크 그룹의 확립=이른바 개별 대응이 가능하게 됨으로써 비로소 성립되기 때문이다.

캐시리스나 스토어리스도 개별 대응없이는 혁명같은 것이 될 수 없다. 그런 뜻에서 나는 현재 대형 판매점 등이 취급하고 있는 캐싱 서비스의 대부분은 대중 개개인에 대한 개별 대응 노하우를 가지고 있지 않기 때문에 실패하는 것이 당연하다고 생각되고 현재까지 계속 신장해 온 방문 판매나 카탈로그 판매 기업의 대부분도 하이테크 시스템이 없으므로, 현상태로는 장래성이 있다고 생각되지 않는 것이다.

중요한 일이므로 이것을 좀 더 설명하겠다.

4) 뉴 미디어는 결정적인 수단이 되지 못한다

5년 뒤에는 가정의 텔레비전이 시스템 텔레비전으로 바뀔 것이라고 생각된다.

앞에서, 산리오의 예를 들어 전화기의 단말기화(端末機化) 이야기를 했지만, 시스템 텔레비전의 등장은 텔레비전이 마침내 컴퓨터의 단말기가 되어 대활약을 시작하는 것을 뜻하고 있다. 덧붙여 말하면, 1990년에는 일본에서는 80 % 이상의 가정에 시스템 텔레비전이 들어올 전망이다. 그 시점부터 1995년에 걸쳐 아마 이 텔레비전에는 적어도 다음과 같은 것이 연속 배선 방식으로 관련을 갖게 될 것이라고 한다.

그것은 ① 오디오 시스템 ② 캡틴 시스템 ③ 문자 다중 방송 시스템과 프린터 ④ 홈 비디오 시스템 ⑤ 홈 컴퓨터 시스템 ⑥ 유선(有線) 텔레비전 시스템 ⑦ 위성 방송 시스템 ⑧ 팩시밀리 등인데, 이미 마쓰시다(松下) 전기에서 시판하고 있는 '알파 디지탈'이나 빅터의 '네트 워크'와 같은 시스템 텔레비전을 보면, 이런 것들을 우리들 일반인도 긍정하지 않을 수 없는 것이다.

예를 들어, 우정성과 전전공사(電電公社)는 1982년 8월 30일에 차세대 뉴 미디어인 캡틴즈(CAPTAINS) 시스템(문자 도형 정보 네트워크 시스템)의 실용화 스케줄을 발표했다.

캡틴즈 시스템이란 가정에 있는 텔레비전 수상기에 어댑터를 설치, 여기에 전화선을 접속시키고 수중에 있는 키팻트를 사용하여 입수하고 싶은 정보를 지정하면, 센터 컴퓨터에서 그 정보가 보내지고 텔레비전 화면에서는 문자와 도형으로 표시되는 구조로 되어 있다.

현재의 단계에서는 정보의 종류가 쇼핑 정보, 여행 안내, 베스트셀러 등 약 60종 1만 건으로, 1984년 11월부터 도쿄 (東京)시내와 수도권 내의 주요 도시에서 서비스를 개시하고 1987년 경까지는 전국 주요 도시로 확대시킬 예정이라고 한다.

이러한 것에서 알 수 있는 것은, 마침내 텔레비전 수상기의 단말기화가 실용화 된다고 하는 것이고 이것은 필요한 정보가 정확하고 값싸게, 누구나 자택에서 입수할 수 있을 뿐만 아니라, 유통 기구, 장사 방법, 회사 운영, 경제 구조까지도 크게 바꿀 것은 틀림없는 일이라고 할 수 있다.

또 앞으로의 경영은 개인 생활의 변화때문에 소비자에게도 가장 큰 영향을 준다.

그런 뜻에서 확실히 개인 생활이 바뀐다고 단언할 수 있는 지금, 더구나 앞으로 5년만 지나면 우선 '뉴 미디어 생활'이 현실적인 것이 된다고 생각되며, 경영 환경도 그것에 대응하여 크게 바뀌어 가고 있다.

독자도 아마 '뉴 미디어'든가 '오디오' '비디오' 등과 같은 말을 들은 적이 있을 것이다. 그것이 착실하게 현실적인 것으로 나타나려고 하고 있다.

그것을 가능케 한 것이 컴퓨터, 일렉트로닉스 등의 기술적인 발달이지만, 소프트 중심의 시대=정보화 사회가 공장 그리고 사무실에서 마침내는 개인 생활 수준으로 진입하려 하고 있다.

소프트가 개인 생활로 들어감으로써 비로소 진정한 정보 시대가 되고 경영 환경도 크게 바뀌는 것이지만, 우선 몇년 뒤에 가정 생활이 어떠한 것으로 되어 있을지, 90% 이상의 가능성이 있는 것을 추려서 정리를 해보겠다.

이 방면에 관한 권위자인 미야가와 히로시(宮川洋) 동대 공학부 교수는 '텔레비전·라디오·스테레오·전화를 뛰어넘는 전연 새로운 것이 가정에 들어오게 된다'고 말하고 있는데, 그 실태는 다음과 같은 것이다.

아마 5년 뒤, 각 가정에는 시스템 텔레비전이 등장해 있을 것이다. 지금 각 가정에 있는 텔레비전 수상기는 텔레비전 방송의 수신과 VTR의 재생 정도로 밖에 쓰이지 않지만, 시스템 텔레비전의 수상기는 캡틴즈 시스템이나 문자 다중 방송, 유선 텔레비전 등의 화상 어느 것에나 대응할 수 있는 것이 되고, 특정한 기업이나 단체와도 연결되어, 그 센터 컴퓨터의 단말기로서의 역할을 하게 될 것이다.

그것은 자택에 있기만 해도 모든 정보를 그 텔레비전 화면에서 흡수하고 홈 쇼핑, 홈 뱅킹은 말할나위도 없고 홈 비즈니스를 할 수 있게 된다.

이 시스템 텔레비전은 이미 가전 메이커에 의하여 개발, 발매되고 있는데, 그 특징은 모든 접속 단자(端子)가 여기에 붙어 있다고 하는 것이다. 마쓰시다 전기가 내놓고 있는 '알파 디지털'에는 텔레비전·비디오·RGB(캡틴즈 시스템이나 문자 다중 방송, 혹은 퍼스널 컴퓨터의 디스플레이 등 화면용) 등의 셀렉트 키 이외에 많은 단자(비디오 입력단자, 텔레비전 출력 단자, 영상 단자, 음성 출력 단자 등)가 있다. 1대의 텔레비전에 문어발식의 배선을 하고 스스로 셀렉트(선택)하는 시대라고도 할 수 있다.

그 가운데서 정보화 시대를 결정짓는다고 생각되는 것이 이미 말한 캡틴즈 시스템과 문자 다중 방송 시스템이다.

1982년 12월의 방송법 개정에 따라서, 이미 실용화 되고 있는 음성 다중 방송의 영상판이라고도 할 수 있는 문자 다중 방송도 마침내 1983년부터 실현된다. 지금 어떤 텔레비전에 문자 다중 어댑터를 연결하면 자기가 보거나 알고 싶을 때, 뉴스·일기예보·여행 안내 등을 화면에서 볼 수 있는 것이 이 시스템의 특징이다. NHK에서는 1983년의 방송 개시 때부터 문자 화면, 그래픽 화면 등 언제나 20종의 정보를 보내려고 하고 있다. 그것은 프로그램 안내·일기예보·뉴스·퀴즈·요리 등의 프로그램인데, 가지고 있는 키팻트를 누르는 것만으로 이것들을 곧 화면으로 볼 수 있게 된다.

1983년부터 실현되리라고 여겨지는 이 문자 다중 방송 시스템과 84년부터 실시화가 결정된 캡틴즈 시스템 이외에 유선 텔레비전도 멀지 않아 틀림없이 급속히 보급될 것이라고 생각된다. 지금으로서, 일본의 유선 텔레비전 가입 세대수는 금년 3월 말 현재 약 333만 세대를 넘고 있고 미국에서는 이미 2천만 세대를 넘고 있고, 미국의 유선 텔레비전 번영은 몇 년 뒤의 일본을 암시하는 듯하다. 이 유선 텔레비전은 급속히 쌍방향 시스템(가정에서도 영상·음성이 스튜디오로 보내지게 되는 시스템)화 될 것으로 보여지고, 1978년부터 나라현(奈良縣) 나마고마시(生駒市) 히가시나마고마(東生駒) 뉴타운에서 영상 정보 시스템 개발 협회가 추진하고 있는 Hi-OVIS(쌍방향 영상정보 시스템)는 광(光) 파이버 케이블을 사용하여, 가정에서도 영상·음성의 송신을 할 수 있는 것이다. 예컨대, 이것이 고도로 보급되면, 자택에 있으면서 특정한 백화점이나 슈퍼의 상품을 자유로이 살 수 있는 것 등이 쉽게 가능해질 수 있을 것이다.

이처럼 생각할 때, 몇 년 뒤의 가정 생활은 정보를 중심으로 크게 바뀔 것은 말할나위도 없다.

대량 생산, 대량 판매, 대량 선전 등 매스에 대한 신용＝이제 까지의 공업화 사회의 기반을 이루고 있던 구조가 완벽하게 무너지려 하고 있다. 아니 그 보다도 반드시 무너질 것이다. 경영 환경은 변해가고 있는 것이다.

아마도 1995년 경에는, 지금 일본에서는 평균적으로 5개 정도 밖에 1대의 텔레비전 채널 선택권이 없지만, 유선 텔레비전의 발달 등으로 100개 이상으로 틀림없이 증가될 것이다. 이와 같은 시대＝뉴미디어 시대가 되었을 때, 신유통혁명에 뉴 미디어가 어떠한 영향을 줄 것인가?

나의 결론은 대단한 것은 없을 것이라고 하는 것이다.

지금 화제가 되고 있는 존 네이스피트의 저서 《메가트렌드》 에도 있듯이, 앞으로는 '하이테크 하이터치'의 시대인 것이다.

하이테크놀로지가 발전되면 발전될수록 하이 휴먼터치가 진행 되지 않으면 안된다. 뉴 미디어는 하이테크라고 하는 점에서는 이해할 수 있으나 하이 휴먼 터치가 결여되어 있다고 하는 치명 적인 결함을 가지고 있다.

100이나 200으로 증가되고 틀린 정보때문에 하나의 텔레비전 화면을 이용할 수 있게 되어도, 또 쌍방향의 유선 텔레비전이 발달되어도, 퍽 능숙하게 하이 휴먼 터치화를 시스템화 하지 못하면 그 대부분은 빛좋은 개살구가 되거나 이용되지 못한채 방치되고 말 것이다. 인간이란 본시 그런 동물이고 따라서 토플 러가 말한 '제3의 물결'의 결정적인 핵심은 하이 휴먼터치의 시스 템화인 것이다.

아마도 뉴 미디어에서의 스토어리스와 캐시리스의 비율은, 각각 총소매 판매액의 5％와 10％가 한계인 것처럼 나에게는 통찰된다.

그런데 이 뉴 미디어와 마찬가지로, 새 소비자 산업의 결정적인 수단인 개별 대응도 '하이테크와 하이터치'의 양면성이 완비되지 않으면 궤도에 오르지 않는다.

그것은 현재의 대량판매점에서 캐싱 서비스의 대부분이 이 양면성을 갖지 못하기 때문에 실패하고, 현재 인기가 높은 가정배달이든가 무점포 판매의 대부분도 별로 큰 신장이 기대되지 않는다고 내가 말하는 것도 이런 이유때문이다.

따라서 신유통혁명은 새 소비자 산업과 같이, 대기업이 본격적으로 하이테크·하이터치에 몰두하거나 가업적으로 하이터치 중심으로 할 수 있는 것을 하이테크로 그룹화 하지 않으면 장래는 경영이 어렵게 되리라고 생각된다.

그러나 어쨌든, 현재 새 소비자 산업이 번창하기 시작한 것은 개별 대응의 메리트(장점)가 인정되어 왔던 것이고 하이테크·하이터치로의 첫 걸음이라고도 생각된다.

여기에도 신유통혁명의 입김이 있는 것이다.

4. 지금 메이커의 최대 관심사는 채널 전략이다

1) 소비재 업계는 초조해 하고 있다

나의 이야기를 조금 더 계속하려고 한다. 나의 회사=일본 마케팅센터는 소비재 업계 전반을 주대상으로 하는 경영 컨설턴트 회사인데, 이런 회사를 경영하고 있으면 소비재의 움직임뿐만 아니라 업계의 움직임이나 관심사를 참으로 잘 알게 된다. 나에게는 지금, 소비재 업계가 크게 초조해 하고 있다고 생각하지 않을 수 없다.

나의 회사에서는 최근 2~3년, 매일 새로운 일을 10건에서 20건 정도의 비율로 주문을 받고 있다. 이것이 몇 년 전까지는 경영 진단의 의뢰이거나, 시장 조사 및 사원 교육 따위와 같은 일반적인 의뢰 사항인 수가 많았으나, 최근에는 양상이 크게 달라져 유통 기업으로 압축시켜 보아도 점포 활성화, 상품화 계획, 채널 전략, 조직체 만들기, 기업의 전략 체계 만들기 등이 중심으로 되었다.

이들 크라이언트(의뢰인)로부터의 요망에 따라서 우리 회사의 경우, 백여명의 전속 경영 스탭(사원)이 중심이 되어, 지금 십여 개 회사에 이르는 관련 자회사의 각종 스탭과 외부 전문가의 조력을 얻어 개별적으로 대응하고 있는데, 우리 회사와의 관련에서 볼 때, 지금 대번창하고 있는 것은 다음과 같은 전문가들이다.

① 정보통신 네트워크의 전문가

② 조직화 전략의 전문가

③ 기존의 것(가게·상품·채널·조직체 등)에 대한 활성화의 전문가

④ 중장기(中長期) 계획 작성의 전문가

⑤ 식품 관계의 컨설턴트

나의 회사에서는 소비재를 품목별로 볼 때, 몇 해 전까지는 의류품 관계의 일이 가장 많았다. 컨설턴트도 의류품 관계의 컨설턴트가 사람 수에서 가장 많고, 번창하고 있다. 그 때문에 지금도 일본 마케팅센터는 의류품 중심의 컨설턴트 회사라고 하는 이미지가 남아 있다. 그러나 실태는 4~5년 전부터 비중이 급속히 식품쪽으로 옮겨 가고 있다.

분명히 말해서 지금은 식품 관계의 컨설턴트가 가장 번창하고 있다. 현재 의류품 지도 컨설팅이 전 매상고에서 차지하는 비율은 20%에 이르렀고, 그것에 대신하여 식품의 비중이 높아지고 있다. 또 2~3년 전부터 스포츠 관계, 가전 제품, 자동차, 건축 자재나 의약 관계 등이 급속히 대두되었다.

또 최근에 와서는 음식, 호텔, 병원, 화장품 등으로부터 소비자 금융이나 종교 법인 등의 새로운 분야 업무가 들어 오기 시작했다. 업계가 성숙 후기부터 사양기로 들어가기 시작했을 때, 업적별이라고 할까 품종별의 전문 컨설턴트가 대번창하는 것을 알고 있으므로, 이것만으로도 소비재 업계 전체의 경향을 알 수 있다. 재미있다.

⑥ 새 상품 개발과 새 상품의 판매 촉진 전문가

또 몇해 전부터는, 메이커, 도매, 소매라고 하는 유통의 모든 단계를 알지 못하면 치프 컨설턴트(나의 회사에서는 이제까지 일의 대부분을 그룹에서 컨설팅을 맡고 있다. 그 때문에 그룹의 우두머리로서 책임을 지고 통괄하는 컨설턴트를 치프 컨설턴트라 부르고 있다)가 일을 할 수 없게 되었다.

마찬가지로 최근 2~3년 전부터 치프 컨설턴트에는 유통의 모든 단계뿐만 아니라 마케팅과 매니지먼트의 양면에 대한 전문가로서의 능력을 필요로 하게 된 것 같다.

여기에 뚜렷한 사상과 같은 철학——경영에 있어서도 가장 중요한 것은 교육성과 수익성의 추구이고 그러기 위해서 세상은 생성 발전한다고 하는 플러스 발상의 사상과 인간성을 소중히 하고 그것을 이끌어 내는 것이 경영의 최대 포인트라고 하는 인식을 가지지 않으면 앞으로는 치프 컨설턴트로 일할 수 없게 되리라고 생각된다.

이상은, 나의 사업상에서 본 경영 컨설턴트와 관련된 소비재 업계의 큰 움직임인데 그것을 정리하면 다음과 같이 된다.

① 이제까지는 유행의 변화가 빠르고 경쟁이 격심하여, 경영이 어려운 업계는 의류품 업체 뿐만이라고 해도 좋았으나, 지금은 이런 현상이 식품을 비롯하여 모든 소비재 업계에 파급됐고 일부 서비스업계에까지 미치고 있다.

② 경영은 더욱 더 어려워지고 현재까지는 전문적 능력뿐만이 아니라 종합성이든가 밸런스를 필요로 하는 것으로 되어 가고 있다.

③ 채산을 맞추어 계속 벌어들이기 위해서는 현상의 활성화와 새 상품 만들기 및 그것의 확대 판매가 중심인 것은 물론이지만, 선견성에 바탕한 계획적 경영 없이는 기업 운영은 불가능하게 되어가고 있다.

④ 앞으로 가장 중요한 것은, 조직화를 포함한 정보통신 네트워크 만들기이다.

⑤ 이들의 큰 변화로 업계 환경이 혹독해지고 경영이 어려워지고 있기 때문에 소비재 업계는 지금 몹시 초조해 하고 있다⋯⋯ 등의 여러가지 문제점이다.

2) 메이커가 살아남는 전략은 소매업계 대책에 있다

또 나의 이야기가 되어서 죄송하지만 좀 더 나의 일을 통해서 알 수 있는 것을 말한다면, 최근 1~2년 우리 회사에서 급속히 늘어난 일로, 메이커의 채널 대책 어드바이즈든가 돕는 일이 있다. 이것도 일류 메이커로부터의 의뢰가 많다.

이제까지 소비재 업계에 군림하고 있던 일류 메이커들도 지금으로서는 완전히 전전긍긍하고 있다.

이대로 있다가 정보화 시대가 되면, 완전히 뒤쳐지게 될 뿐만 아니라 신유통혁명(얼마후 오게 될 유통의 큰 변화)에도 대응하지 못하고 대형 소매기업의 하청인으로 처지거나, 그들에의 예속화를 면할 수 없다고 하는 위기감까지 일류 메이커일수록 강하게 가지고 있다. 이 점, 나도 완전히 동감이다. 그래서 이에 관해서 조금 설명해 보겠다.

이 책의 서문에서도 말했거니와 최근의 나의 발언에서 물의를 빚은 것 중 하나에 '앞으로는 메이커나 도매상이 계속 소매업에 참여하든가, 소매업계에 계열점을 만들 것이다'고 하는 것이 있다.

사실 작년부터 나에게 찾아오는 많은 소비재 메이커나 도매상으로부터의 경영상담 의뢰는 '지금 상태로는 몇 년을 넘기지 못하고 경영이 막다른 골목에 이르고 말 것이다' 라고 하는 자기 판단에서 어드바이즈를 구하는 것이 대부분이고 내가 보기에도 그 판단은 옳다고 하지 않을 수 없다. 이에 대한 타개책으로는 '지금의 주된 취급품을 위주로 하여 소매를 하십시요' 하고 어드바이즈 하는 이외에는 적당한 해답을 찾을 수 없다고 하는 것이 사실이다. 물론 나의 경영 컨설턴트 능력이 모자라서 이같은 어드바이즈 밖에 할 수 없는 것인지 모르지만, 소비재 업계가 사양기에 돌입했다고 보아도, 이 답은 정답이라고 할 수 있을 것이라 여겨진다.

우선 표 2를 보기 바란다. 이것은 일본에서의 소비재 라이프 사이클을 나타낸 것으로 변화의 연도(연차)에 대해서는 유통업계에서의 현재의 상식을 표현했다. 어디까지나 일반화 되고 모델화 된 도표이지만, 이 도표는 다음과 같은 것을 나타내고 있다.

독자들도 이해 할 수 있을 것이라고 생각하지만, 일본의 소비새 업계는 전후 성장기로 들어갔다. 성장기란 공급이 수요에 따르지 못하는 시기이다. 이것이 30년 가까이 계속되자 언제까지

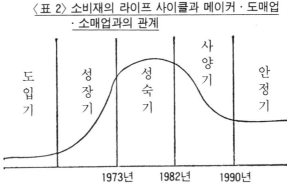

〈표 2〉 소비재의 라이프 사이클과 메이커 · 도매업
· 소매업과의 관계

성장기는 MIWIRIC 가 된다.
성숙기는 MWIRC 가 된다.
사양기는 IMWRC 가 된다.

· M : 메이커(Maker)
· W : 도매업(Wholesaler)
· R : 소매업(Retailer)
· C : 소비자(Consumer)

나 물질적 수요는 신장될 것으로 생각되었다. 그러나 1973년의
오일 쇼크를 계기로 물건의 수요 신장은 급격히 떨어지고 수급
밸런스가 잡히게 되었다. 이것이 성숙기이다.

그리고 1982년경을 고비로 분명히 모든 물건은 공급 과잉이
되고 수요도 우선 양적으로는 뚜렷히 감소 경향을 나타냈다.
이것이 사양기이고, 아마 앞으로 몇 년은 공급자 쪽의 후퇴가
꼬리를 물 것이다. 그리고 다시 한번 수급 밸런스가 안정된 상태
로 유지될 수 있는 시기가 오리라고 생각되는 데, 이 시기가 안정
기로서 아마도 1990년 경부터라고 여겨진다. 이것이 유통 업계의
상식적인 생각이다.

이와 같은 라이프 사이클적인 견해는 일종의 선견성에 의한
방법일뿐, 그것이 절대적인 것은 아니지만, 어느 정도 이것을
살리면 정확히 시류에 대응할 수 있으므로 중요하고, 시계열적

〈표3〉 일본에서의 소비재 상품·업종별 라이프 사이클 연도표

	성장기가 끝난 시점 = 성숙기 도달 시점	성장기가 끝난 시점 = 사양기 도달 시점	성장기가 끝난 시점 = 안정기 도달 시점
통 합 품	1973년	1982년	1990년
의 류 품	1970년	1979년	1985년~1987년
식 품	1973년	1982년	1990년
생활관련품 (주거, 가전제품 자동차 등)	1979년	1985년	1990년
건강관련 품목 (의약, 화장품 스포츠용품 등)	1979년	1985년	1990년
음 식	1977년	1983년	1990년

[주] 이 연도는 '일본 마케팅센터'의 추정년(推定年)이다.

(時系列的) 발상에서의 사이클(순환)에 관한 사색에도 시사하는 바 있다.

예를 들어, 이 견해는 다음과 같은 응용에 편리하다. 소비재 전체를 보면, 앞에서 말한 것과 같은 연도(연차)가 되지만, 이것은 업종이거나, 품종별 표로 나타내면 아마도 다음의 표 3과 같이 될 것이다.

그리고 성장기에는 메이커가 주도권을 잡지만, 사양기에는 소매업이 주도권을 잡는다는 것을 알 수 있으므로 거의 모든 소비재 관련 업종들은 앞으로 소매 업계가 경영 성과를 결정짓는 포인트가 된다는 것을 이해할 수 있다. 그리고 라이프 사이클적으로 늦게 찾아오는 업종, 예컨대 생활 관련이나 건강 관련의 상품을 취급하는 기업은, 빨리 찾아온 의류품 관련 등의 기업보

다 용케 살아남고, 지금 왕성한 기세인 것이 모델이 되므로 개개의 기업체로서의 대응책도 참으로 수립하기 쉬운 것이다.

그러면 화제를 원칙으로 돌리자. 표 2에서 성장기, 성숙기, 사양기의 특징으로서 나타낸 것이 참으로 대단히 중요한 것이다.

소비재 업계의 업태를 기능별로, 메이커(M)·도매상(W)·소매점(R), 그리고 소비자(C)로 하면, 성장기에는 메이커·도매상·소매점·소비자의 각 업태 사이에, 전연 연계성이나 일체감이 없더라도 각 업태와 기업 모두 매우 훌륭하게 경영을 궤도에 올려 놓을 수 있다.

극단적으로 말하면, 업태 사이에, 제 각각 많은 기업이 독립적으로 자유로이 경쟁하게 하는 것이 오히려 효과가 높은 것이다.

이 시기에 도요다 자동차는 도요다 자공(自工 : 메이커)과 도요다 자판(自販 : 도매)으로 분리했는데, 오히려 좋았던 것 같고, 메이커의 딜러 헬프(dealor Help)는 대의명분은 있어도 실질적으로는 헛수고였던 것이다.

성장기에 있어서 MWRC의 관계는 메이커·도매상·소매점·소비자가 각각 개별적일 때, 좋다는 것을 나타내고 있다.

이와는 달리 성숙기에는, 메이커와 도매상이 일체화 되지 않으면 안되고 소매점은 소비자와 일체화 되지 않으면 장사가 되지 않음을 나타내고 있는 것이다.

알기 쉽게 말하면 성숙기에는 메이커가 도매 기능을 갖기 않으면 안되고 도매상은 메이커 기능을 갖지 않으면 존재할 수 없다. 여기서 도매와 메이커의 일체화라고 하는 기능적인 협조가 필요하게 된다고 할 수 있다.

실례로서, 도요다 자공(자동차 공업)과 자판(자동차 판매)이 왜 합병했는가를 생각해 보면 쉽게 이해할 것이다.

그와 마찬가지로, 소매점은 소비자가 필요로 하는 물건을 점포에 진열하지 않으면 팔리지 않게 된다. 성장기에는 소비자의 세부적인 의향과 관계없이, 대략적으로 이것이면 좋을 것이라고 하는 범위면 어떤 물건을 취급하거나 점포에 진열할 때, 그럭저럭 장사가 되었으나, 이것이 성숙기에 들어가면 당장 매상이 감소되고 경영이 벽에 부딪히게 된다. 성숙기에 들어가 소매업 마케팅이 진짜로 판매되는(소비자의 기호) 방법으로서, 메이커 마케팅적인 발상을 바꿔 성과를 올리기 시작한 것은 이와 같은 이유에서이다(소매업 마케팅에 대해서는 뒤에 자세하게 설명한다).

그리고 사양기로 들어가면, 메이커·도매·소매·소비자의 4자가 일치화 되지 않으면 안되는 것을 나타내고 있다. 이것은 이제까지 손님과 일체화 되고 있던 소매점이 그 위에 메이커 기능이나 도매 기능도 스스로 갖지 않으면 안된다는 것과, 동시에 메이커나 도매상이 고객과 일체화 한 소매 기능을 갖지 않으면 안된다는 것을 뜻하고 있는 것이다.

이것은 성숙기의 메이커 기능과 도매 기능, 소매와 소비자의 일체화와 달라서, 업계에 크나 큰 임팩트(충격)를 주지 않을 수 없다. 왜냐하면 이것은 취하는 방법에 따라 메이커나 도매상이 소매업계로의 참여를 뜻하고, 반대로 소매기업에 있어서도 메이커나 도매 기업을 예속화 시키기 위한 활동으로 들어가지 않으면 안된다는 것을 뜻하기 때문이다.

좀더 평화적으로 본다면, 메이커·도매상·소매점과 물류(物流)에 따라 수직적(垂直的)인 그룹을 형성하고, 서로 이해관계(利害關係)가 운명 공동체의 일원이 되며, 서로 도와가지 않으면 안된다는 것을 뜻하는 것이다. 그것은 이제까지와 같이, 소매점은 도매나 메이커와의 거래에서 상대를 괴롭혀 이익을 얻는다든가, 도매나 메이커는 소매점을 이용하여 이익의 근원으로 삼는다고 하는 흥정이나, 적대관계가 종말을 고하고 앞으로는 서로 도와주거나 통합되거나 하는 것은 별도로 하고 일체화의 관계가 되는 것이 필요하다는 것을 시사하고 있기도 하다.

내가 메이커나 도매상에 '소매업에 참여하시오'라고 말하는 까닭도 이것으로 알 수 있을 것이다.

사실 1979년, 사양기에 돌입했다고 생각되는 의류품 업계에는, 월드·이토킨·와콜과 같이, 직판점 형태이거나 계열 소매점을 어느 정도 가지고 있는 메이커 도매나, 레나운이나 도쿄 스타일과 같이 백화점과 일체화 된 메어커 도매 이외는 날마다 경영이 어렵게 되어가고 있다.

또 무토우·샤를레·마루야마와다(丸八眞綿)와 같은 직판형 메이커 소매업이거나, 가업점(家業店)과 이해(利害)를 일체화한 오니시(大西) 의류나 마루코(丸光), 쓰로오카(鶴岡) 등의 대형 예매 현금 도매상, 혹은 소매점을 살리고 도우면서 그 이름으로 소매도 하여 신장해 온 단바코(円羽幸), 나리가와(鳴河), 만베이(万兵) 등 나고야(名古屋)에서 포목(비단)을 중점적으로 취급해 온 대형 종합도매상과 같이, 신장된 의류품 관계의 메이커나 도매상은 모두 메이커, 도매·소매 기능의 일체화를 모색해 왔던 것이다.

의류품 이외의 업계에서도 이와 같은 현상은 급속하게 현실화 되고 있다.

그래서 일류 메이커이면 그럴수록, 기업내에 유식자나 연구가가 있으므로 소매업계에 직판형 계열점을 갖지 않으면 안된다고 하는 위기감을 갖게 된다.

더구나 소매업의 대기업화, 물품과잉에 의한 소매업에의 주도권 이동, 다음에 설명하겠지만, 신유통혁명이 찾아와 대중 개개인의 다양화 된 욕구를 전면적으로, 더구나 개별적으로 대응하지 않으면 안되는 정보화 시대의 도래가 가깝다는 것을 생각하면, 대형의 단일품 메이커보다는 취급품이 많고 기능적으로 대중과 가까운 만큼 정보화 시대에는 대형 종합 소매업이 유리하다는 것을 부정할 수 없다. 어쨌든 장래를 생각해 채널 정책을 수립하고 채널 만들기에 착수하지 않으면 안된다는 것을 분명히 알 수 있다.

이러한 사정에서, 일류 메이커로부터 나의 회사에 채널 정책에 관한 컨설팅 의뢰가 많이 날아들게 되었던 것인데, 이제 메이커가 살아 남을 수 있는 전략은 소매업계 대책에 가장 중요한 포인트가 있는 것이다.

3) 앞으로는 소매업 마케팅 시대——메이커 마케팅의 시대는 끝났다

1980년 3월 6일, 교도(京都) 미야코(都) 호텔에서 개최된 일본 마케팅센터 창립 10주년 기념 강연회 석상에서, 나는 처음으로 '앞으로의 마케팅은 메이커 마케팅의 시대가 아니라, 소매업 마케팅으로 된다'고 실례와 예측을 중심으로 발표하고 소매업 마케팅의 실태를 제안해 보았다.

이 소매업 마케팅의 제안은, 일본 대형 유통 기업의 최고 경영자가 대부분 참석하고 있던 자리였고, 내용이 매우 실천적이었으므로 유통업계뿐만 아니라 마케팅 자체에 크나 큰 파문을 던졌던 것 같다.

우선 소매업 마케팅이라고 하는 유행어가 생겼고 나 자신 대형 광고 회사로부터 인기가 있었다. 너무나도 파문이 컸기 때문에 이 제안을 바탕으로 하여 나는 소매업 마케팅에 관한 하나의 논문을 썼다. 우선 그것을 내가 고문으로 있는 기업에 배포되고 있는 월간 경영지《코스모스》지(일본 마케팅센터 발행)의 1981년 신년호에 발표했던 것인데, 이것은 대형 유통기업 실무자에게 크게 받아들여졌다. 그리고 그 논문이 1982년 2월에 비즈니스사로부터 발행되어《종합 마케팅 핸드북》에도 게재되었다.

그 결과, 이번에는 메이커의 마케팅 담당자에게 크나 큰 문제점을 제기했던 것 같다. 이 논문을 보았다고 하면서 그 뒤 많은 메이커의 마케팅 담당자가 나의 의견을 들으러 와 주었고 많은 메이커로부터 고문 지도의 요청도 있었다.

그래서 우선 이 논문을 원문 그대로 소개하겠다(이 논문은 1980년 10월에 집필한 것이다. 집필일을 머리에 두고 읽어주기 바란다).

● 소매업과 소비자 시장

① 소비자 시장에 밀접되어 있는 소매업

◇ 소매업 마케팅의 개화(開花)

일본의 소매시장은 미국과 더불어 세계에서 가장 경쟁이 격심한 시장이다. 고객 지향이 가장 발달되어 있다.

고객 지향이 가장 발달되어 있다는 의미를 성숙되어 있다고 한다면, 세계에서 가장 성숙된 소매시장이라고 할 수 있을 것이다.

현재 일본의 소매업 매장 면적은 약 9,000만 평방미터에 이르고 인구 1인당 0.8평방미터에 도달되려는 상태에 있다. 여기에 해마다 400평방미터씩 매장 면적이 계속 늘어가고 있다. 이른바 '오버 스토어'라고 할 수 있는 현상이다. 이와 같이 오버 스토어 현상을 보이고 있는 일본이나 미국에서는, 소매 시장이 완전히 소비자 시장과 밀착되고 있다.

지금 일본이나 미국의 소매시장에서는 소비자가 좋아하는 상품, 이른바 수요가 많은 상품이 인기를 끌고 있다. 알기 쉽게 말하면, 경쟁이 격심해진 결과로 소매점의 진열 상품과 수요가 완벽하게 일치된 것이다.

그런데, 이와 같은 단계가 되자 소비자가 그야말로 현명하고 역시 왕이라고 하는 것이 과거와 마찬가지로 분명히 증명된다.

소비자가 기뻐하는 상품이 매장에 진열되면 그 상품은 날개 돋힌 듯이 팔려 나가고 그 반대인 경우, 아무리 팔려고 애써도 거의 효과가 오르지 않는다.

이러한 점에서, 일본의 소매업계는 오버 스토어 현상이 시작된 1970년 경부터 소매업을 모체로 하여 독자적인 마케팅이 꽃피우기 시작했던 것이다.

그것은 메이커의 수요 창조 노력이나 유행 조작이 소비자의 저항때문에, 공전(空轉)되는 현상을 일으킨 것과 거의 비슷한 시기의 일이다.

일본이나 미국의 마케팅은 1960년대 까지 말하자면 메이커의 입장에 의한 메이커적 마케팅이었다. 메이커 주도적인 마케팅이라고 해도 지나친 말은 아닐 것이다.

그것은 새 제품 판매나 유행 조작 수법 등, 어느 것을 보더라도 메이커가 스스로 만든 상품을 팔아버리기 위한 것이었다고 할 수 있다. 더구나 그것이 성공하고 있었던 것이다.

그러나 1970년대를 들어서자, 소비자는 메이커의 유행 조작에 완전히 외면하게 되었다. 메이커의 선전과 관계없이 필요한

것은 사지만, 아무리 선동해도 불필요한 것에는 좀처럼 관심을
갖지 않게 되었다.

이런 현상들은 소비자의 지적 수준이나 교양 수준의 향상에
의한 개성화의 진전과, 오일 쇼크에 의한 절약 무드의 물결을
타고 보다 확고한 것이 되어 가고 있다.

그러나, 이런 현상들이 일어나고 바야흐로 하나의 상식이
된 최대 이유는 오버 스토어 현상의 결과일 것이다.

하여튼 경쟁의 격화에 따라서 소매업 마케팅이 꽃을 피웠던
것이다. 그것은 당연한 이치라고는 하겠는데, 그때까지는 소매
업계가 경영 사이드에서 보면 얼마나 때를 잘 만났고 또 마케
팅적인 성숙도에서도 소매업계 그 자체가 얼마나 미성숙이었
는가 하는 것을 증명하고 있다.

◇ 소비자 시장의 축소판인 소매시장

소매시장을 매일 바라보고 있으면, 대중＝소비자에 대한
두려움과 슬기로움을 하루 하루 여실히 알 수 있다.

그것은 소매시장이 소비자 시장 그 자체임을 뜻하고 있다고
할 수도 있을 것이다.

일반적으로, 구분된 시장은 더욱 더 구분된다고 하는 견해가
있다. 이른바 메이커 마케팅적 발상이다. 이와는 달리, 근래는
비슷한 것들이 종합화 되고 일체화 되어 간다는 견해가 나타났
다. 이것이 소매업 마케팅의 주체적 발상이다.

어떻게 해서 이런 발상이 나왔는지는 소매시장과 소비자
시장의 완전한 일체화에 근본 원인이 있는 듯하다.

나처럼 실천적으로 소매업 마케팅에 매일 관계하고 있으면
아무래도 다음과 같은 발상을 하게 된다.

"경쟁 격화는 살아 남기 위해 업자적으로 고객 지향을 갖게

한다. 고객 지향이 진행되면 진행될수록 시장은 성숙화 된다고 생각된다. 그리고 성숙화 될수록 가까운 이웃의 것은 일체화 되고 통합화 된다.

예를 들어, 소비시장을 메이커 시장, 도매시장, 소매시장, 최종 소비자시장의 넷으로 크게 구분했을 경우, 현재의 일본에서는 메이커 시장과 도매시장이 거의 일체화 되고 말았다. 또 소매시장과 최종 소비자 시장은 완전히 일체화 되었다고 해도 좋다. 얼마 후, 이 4개로 구분한 시장은 모두가 소비시장이라고 하는 이름 밑에 일체화 될 것이다. 그리고 마케팅의 이상은 메이커 시장, 도매시장, 소매시장, 소비자 시장이 성숙되고 일체화 되어도 여기에 대응할 수 있는 것이 될 것이다" 라고.

말하자면, 소매시장에는 통하지만 메이커 시장에는 통하지 않는것과 같은 마케팅은 아직 사실상 유치하고 세그먼테이션에 의하여 대응책을 결정해 가기보다도 모든 것에 통하는 수법을 생각하는 것이 어떠한 것이나 목적과 같이 생각되는 것이다.

이러한 관점을 가지고 마케팅이라고 하는 점에서 소매업과 소비자 시장을 보는 경우, 현재 가장 중요한 것은 그 양자가 일체화 했기 때문에 소매시장은 소비자 시장의 축소판이라고 보아도 좋다고 하는 것이다. 여기에는 다음과 같은 것을 말할 수 있다. 소비자 시장과 달리 소매시장은 점포에 상품이 진열되어 있고 또 각 점포마다 소비자 시장과의 일체화에 의해 에브리데이(매일) 머천다이징에 몰두하지 않을 수 없는 만큼, 참으로 쉽게 조사를 할 수 있다. 더욱 생각하거나 보고 말을 하는 인간과 달리, 물건을 보고 말을 하게 할 수 있는 시장 조사인 만큼, 정확한 조사 자료를 손에 넣는 것이 가능하다……고 하는 것이다.

여기서, 보다 더 확실히 하기 위해 성숙화 되면 일체화 되고 축도화(縮圖化) 된다는 것을 다른 예를 2~3개 들어서 설명해 두겠다.

'대중은 어리석은가, 그렇지 않으면 현명한가?' 하는 것은 낡고도 새로운 과제이지만, 대중의 지적 수준과 교양 수준의 향상에 따라 대중이 현명하게 되는 것은 누구나가 긍정하지 않을 수 없을 것이다. 경쟁은 수준을 향상시키고 고객을 지향화 하며 성숙화 시킨다는 것도 이 또한 하나의 상식이다.

바야흐로 일본에서는 국회의원 선거 때마다 대중의 슬기로움에 식자들이 한바탕 놀라지 않을 수 없게 되었고, 경영의 세계에서도 꼭 마찬가지이다. 한 사람의 초능력 있는 전문가가 혼자서 하나의 것을 만들어 내기 보다, 보통 능력밖에 가지고 있지 않은 전문가일지라도 많은 사람들의 의견을 참고로 하여 하나의 것을 만들어 내는 경우, 후자 쪽이 훨씬 좋은 것을 만들 수 있게 된 것이다.

대중의 수준이 향상되고 사회가 성숙된 결과인데, 거기서는 중지(衆智)의 결집이 무엇보다도 노하우가 되어 왔다.

바야흐로, 국민의 축도로서의 국회를 생각하고 소비자 대중의 축도로서의 소매업계를 생각한다는 것은 비유적인 판단으로 가능하며 옳은 것이다.

② 소매업 마케팅의 특성

◇ 모든 기본, 고객 지향

단독적으로 소매점의 업적 향상을 위한 마케팅 노하우는 지금으로서 거의 완전히 확립되어 있다.

 그것이 근래 10년 남짓한 동안의 일이므로 그 성장의 스피드는 놀라울 정도이다.

 솔직히 말해서 지금으로서 소매업을 위한 소매업 마케팅은 완전히 궤도에 올랐다고 해도 좋을 것이다.

 구체적인 각종의 수법, 예컨대 ① 상품 구성 ② 경합 대책 ③ 입지(立地) 전략, 특히 시장점유율 증가 전략 등, 예를 들자면 한이 없지만 이들 각종 마케팅의 수법 모두가 '보다 고객지향적 방법'이라고 하는 한마디로 통괄, 표현되는 것이다.

 경쟁이 격심해지고 나서, 이른바 일본의 소매시장에서는 1970년 경부터 각 소매점은 경합점에 비하여 조금이라도 고객지향을 했다면 즉시 업적이 향상되었다. 지금도 물론 마찬가지이다.

 구체적으로는 ① 좋은 상품 =소비자인 손님이 필요로 하는 상품을, ② 보다 싸게 ③ 조금이라도 구색을 잘 갖추어 ④ 조금이라도 서비스 좋게 제공하는 것이 소매업의 경영 노력 목표이지만 이것들은 모두 '고객 지향'을 분석한 것일 따름이라고 할 수 있을 것이다.

 이런 것들을 성숙화=일체화=축도화라고 생각하면 누구나 이해할 수 있다.

 소매업에 있어서 소매업 마케팅의 모든 기본은 '현장에서의 고객지향'인 것이다.

◇ 마케팅의 주류화(主流化)의 가능성이 있다

 메이커 마케팅이 꿈에서조차 이룰 수 없었던 것은 ① 절대로 팔리는 새 제품 개발의 자료 수집 노하우 ② 지금 팔리고 있는 상품의 수명과 분량 ③ 지금 팔리고 있지 않은 상품의 판매 방법……의 3가지이다.

그런데, 이것들에 대한 해답이 소매업 마케팅에 의하여 해명
될 것 같다. 아니 그 보다도 해명되었다고 해도 좋다.

이리하여 소매업 마케팅은 마케팅의 주류가 될 가능성까지
갖게 된 것이다.

생산 및 유통의 최종 목적은 소비 생활을 풍요롭게 하는
것에 있다. 그렇다고 하면, 최종 소비자에 가장 가까운 소매업
이 소비자 시장과의 일체화에 의하여 이러한 마케팅을 만드는
것도 당연한 일일 것이다.

현재의 소매업은 이와 같은 중대한 위치에, 좋아하던 좋아하
지 않건 상관없이 서 있는 업체이다.

(a) 앞으로 팔리는 상품

소매업 마케팅의 최대 공적은 앞으로 팔릴 상품을 찾는 노하
우를 개발한 것이다. 이 중 하나는, 졸저《변신상법(變身商法)》
(비즈니스사 간행)의 '패션 의상의 베스트 상품 기획 시스템'
에 실려 있는데, 현재 의류품이나 가전품 등은 소매점의 점포
매장에서 앞으로 팔리는 상품을 발견할 수 있도록 되어 있다.

그 때문에, 패션 의상 메이커 등은 소매 점포에 대한 파견
점원 제도를 좀처럼 중지할 수 없고 가전제품의 경우, 어떤
유력한 가전 소매점에 대해서 대형 각 메이커들은 머리를 숙이
게 되는 것이다.

이같은 방법의 발견 결과, 지금으로서 메이커가 소매업을
무시하고는 마케팅을 전개할 수 없게 되었고 소매 점포야말로
무엇보다도 마케팅의 제1선으로 부각된 것이다.

(b) 지금 팔리고 있는 상품과 그 수명

메이커나 도매상에 있어서, 어떤 상품이 지금 소매점의 점포

에서 팔리고 있고, 그것이 언제까지, 어느 정도의 양이 팔릴까를 조사확인하는 것이 거의 불가능했다. 그러나 소매점에서는 조금만 마케팅에 지식이 있으면 이런 것들을 극히 간단하게 알 수 있는 것이다. 더구나 시장 파악은 무척 거시적인 분야로까지 확대된다.

성숙 시장에서는 경합의 격화때문에 손님의 일등 점포 집중화 현상이 나타나고 있고 이미 말한 바와 같이, 소매점은 그 업태 특성상, 에브리데이(매일) 머천다이징을 하고 있고 소매점포에서는 끊임없이 팔리지 않는 상품이 사라져 가므로 조사는 극히 간단하다.

더구나 지금 팔리고 있는 상품의 수명과 양적인 예측도 소매점 사이의 관계, 경합점 대책방법 등에서 분명해지고 있다.

어쨌든 이러한 노하우는, 소매업과 소비자 시장이 일체가 되고 있는 데서 발견된 것이지만, 그것들은 일약 소매업 마케팅이 메이커나 도매상에 있어서도 중요한 것으로 자리잡게 하였다.

◇ **종합화와 지역적인 밀착**

메이커와 소매업의 마케팅 전략상 가장 크게 다른 점은, 메이커가 단일품 제압을 목적으로 하는 것에 대해, 소매업에서는 목적이 지역적인 제압이라고 하는 점이다. 제압이라고 하는 말이 타당성이 없다면 셰어(시장점유율)의 향상이라고 해두자.

메이커가 특정 상품을 불특정 다수의 사람＝고객에게 파는 것을 최종 목적으로 하는 것에 대해 소매업에서는, 좁은 상권 안의 특정한 사람들에게 그 사람들이 필요로 하는 많은 종류의 상품을 공급하는 것이 최종 목적이다. 그것은 서로의 업태 특성상, 그 쪽이 경영 목적에 맞는다고 할 수 있다.

당연한 것이지만, 소매점은 기업단위로 보아도, 종합화와 지역 정착을 목적으로 발전하는 것이 옳다고 하는 것이 된다. 또 상권의 집단에서도 종합화와 지역 정착을 지향하여 변화하고 발전해 가지 않을 수 없다.

따라서 이론상으로는 가능하지만 현실권의 경우, 경쟁이 격심해지고 성숙도가 향상되면 향상될수록 단일 점포가 어떤 상품을 압축시켜 전문화를 통해 살아 남으려고 하는 전략은 노력에 비해 효과는 없는 것이 되지 않을 수 없다.

예컨대 표준점, 특히 상품을 압축시켜 전문화 된 가게의 체인화에 의해 큰 메리트를 얻을 수 있다고 하는 생각은 메이커 마케팅의 발상이고 현실적으로는 경쟁 격화와 더불어 기능할 수 없게 된 것이다.

이런 것을 '소매업은 소비자 시장의 축도(縮圖)이다'라고 하는 생각에서 본다면 곧 이해할 수 있다.

알기 쉽게 말하면, 개개의 소비자들은 보다 자기 가까이에서, 더구나 자기 생활의 모든 수요 대응이라는 점에서, 보다 종합화 된 가게나 상업 집단을 계속 요구하는 것이고, 이 소비자 집합체로서의 소비자 시장과 일체화 하지 않으면 살 수 없는 소매 시장들은, 아무래도 모든 수요 대응적인 종합화, 지역에의 완전 정착화＝지역에서 소비 지출이 차지하는 시장 점유율 증가에 대한 도전이 되고 마는 것이다.

③ 앞으로의 소매업＝소비자 주류시대(主流時代)

라이프 사이클적인 관점에서 말한다면, 성장기에서 성숙기의 중기까지는 메이커가 주도하는 시대이다. 그 이후, 사양기에 걸쳐서는 소비자(소매업)가 주도권을 잡는 시대가 된다.

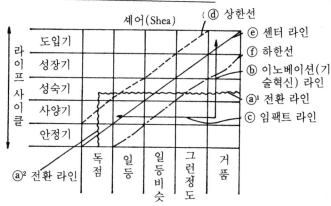

〈표 4〉 후나이식(式) 전략 챠트

① ⓓ라인과 ⓔ라인으로 둘러싸인 곳을 '안전 존'이라고 한다.

② ⓔ라인과 ⓕ라인으로 둘러싸인 곳을 '가능성 존'이라고 한다.

③ '안전 존'과 '가능성 존'을 '기업 존'이라고 한다.

④ '기업 존' 중, ⓐ¹ 라인보다 위의 곳을 전기(前期) 경영환경이라고 한다.

⑤ '기업 존' 중, ⓐ² 라인보다 왼쪽을 후기 경영환경이라고 한다.

⑥ '기업 존' 중, 그것 이외의 곳을 중기(中期) 경영환경이라고 한다.

⑦ 현재의 경영 환경은, 중기 경영 환경 밑에 있다.

이 점을 경영 전략면에서 차트화 한 것이 표 4이다. 이 그림을 '후나이식 전략 차트'라고 하며, 내가 만든 것인데 다음과 같이 이해해 주기 바란다(이 차트에 관해서는 졸저 《80년대 번영의 전략》(일본경제신문사, 1980년 간행 참조).

이 그림은 라이프 사이클과 셰어(시장점유율)의 관계로, 기업의 전략적 생존방식을 패턴화 한 것인데, 소비재 업계를 거시적으로 보면 현재 중기(中期) 경영 환경하에 있다는 것을 누구라도 이해할 수 있을 것이다.

이 중기 경영 환경하에서는 전기나 후기와는 달리, 공급 과잉이 만성화 되어 있으므로 여기서 살아 남으려고 하면, 보통은 고객 지향 이외에 다른 방법이 없다는 것이 된다. 그리고 그것이 시장점거율 상승에 이어지는 최선의 방법이기도 하다.

그러나 그 보다도 중요한 것은, 메이커와 소매업이라고 하는 2단계에서 볼 때, 중기 경영 환경이라고 하는 것은 소비자의 시대이고, 그것은 나아가서 소매업의 시대이다라고 하는 것이다.

'more and more'를 기본으로 하여 만들어 놓은 근대사회의 생산 형태는 앞으로도 계속 공급과잉의 상태＝이른바 중기 경영 환경을 만들어 갈 것으로 생각되며, 소매업의 특성＝실업의 버퍼(완충지대)이고, 오버 스토어 현상을 띠고는 있지만, 아직도 취업 인구, 점포 수, 매장 면적의 계속 증가와 겹쳐 소비재의 공급과잉은 일본이나 미국 같은 선진국에서 간단히 해소될 것 같지 않다.

여기서는 소비자 시장과 소매시장이 더욱 더 일체화 되고, 앞으로는 소매업 주류, 이른바 소비자 주류의 시대가 계속된다고 단언해도 별로 크게 틀린 것은 아닐 것이다.

어쨌든 마케팅 면에서도 시류·노하우와 함께, 새로운 마케팅이 메이커 주도의 마케팅으로 바뀔 가능성이 나타났다.

이 논문을 읽으면, 씌어진 시점이 1980년 10월이라는 것과 함께, 시계열적(時系列的)으로 보아 이제까지 내가 1장에서 설명해 온 큰 유통업계의 움직임과 흐름을 파악할 수 있을 것이다. 그것을 정리하면 다음과 같이 된다.

① 바야흐로 소매업계나 도매업계에서는 취업자 수와 점포 수의 신장률이 감소되고, 얼마 후에는 곧 거의 신장되지 않게 될 것 같다(1982년도 상업 통계 참조). 얼마 있으면 반드시 감소로 돌아설 것이다.

② 메이커・도매・소매・소비자의 4 기능은 일체화 되고 소매 시장＝소비자 시장의 동일화 현상과 더불어 소매업 마케팅＝소비자 마케팅이 마케팅의 중심으로 되어 가고 있다. 여기에서 메이커와 소매업을 대비하면, 시장에서는 완전한 소매업의 우위가 확립되려고 하고 있는 것과 같은 이유이기도 하다.

③ 메이커는 바야흐로 소매업에의 참여나, 소매 업계에서의 확고한 발판을 갖지 않으면 그 확립이 불가능하게 되려 하고 있다. 이런 뜻에서 지금 메이커의 최대 관심사는 분명한 체널 전략이라고 할 수 있다. 특히 일류 메이커일수록 이런 경향은 강하다.

④ 메이커・도매・소매・소비자 시장의 일체화는 새 유통 혁명에의 확실한 첫걸음이다. 소비자는 필요없는 것, 물적 낭비를 거절하기 시작했고 그것은 유통 경로의 단축화・단순화에의 올바른 과정임을 쉽게 이해할 수 있다. 이것도 신유통혁명에의 입김이라고 할 수 있을 것이다.

신유통혁명이 확실히 한 걸음 한 걸음 다가오고 있다. 이 장에서는 그 구체적인 현상 가운데, 누구나가 알 수 있는 것을 4개의 예를 들어서 말했다.

다음   제2장 에서는, 신유통혁명이 일어나는 근본적인 이유, 그 현상, 대응책 등을 설명하려고 한다.

신유통혁명의 배경은
무엇인가?

제1장에서는 '신유통혁명이 이제 곧 도래한다'고 해도 좋은 변화의 조짐을 여러가지로 말해 왔다.

또 각각의 변화 조짐에 관해서도 그 이유를 매우 상세하게 설명해 왔다.

아마 여기까지 읽어 온 독자는 '세상은 크게 바뀌어 가고 있다'는 것을 다소나마 파악할 수 있었으리라고 생각한다. 이 장에서는 이러한 변화= 신유통혁명이 일어나는 사회적, 경제적 배경을 거시적으로 파악해 보려고 한다.

제1장에서 말한 바와 같이, 공업사회에서는 절대라고 해도 좋을 만큼 '유통혁명'은 일어날 수 없는 것이다. 왜냐하면 공업화 사회는 종국적으로는 물질적인 낭비를 만들어 성립되는 사회이기 때문에 물질적 낭비의 배제를 목적으로 하는 유통혁명이 일어날 리가 없다. ……그렇다고 하면, 신유통혁명의 배경은 우선 공업화 사회가 붕괴한다는 데에 원인이 없어서는 안된다. 사실 공업화 사회는 붕괴할 것 같다. 이 장에서는 우선 이런 것들부터 말해 보려고 한다.

배경을 말한 뒤에, 신유통혁명의 실태를 현재 유통업계의 실태에 비추어 생각하고, 신유통혁명이 일어난 뒤 어떻게 유통업계가 변하는가를 알아보기로 한다.

그리고 다음 장에서는 이러한 배경이나 실태, 그리고 예측되는 변화 가운데서 현재의 유통 기업이 어떠한 대응책을 취하지 않으면 안되는지를, 단기·중기·장기로 크게 구분하여 생각해 보려고 한다.

그리고 유통 문제의 결정적인 변수는 소매업 문제에 있다는 것이고, 소매업계의 화제와 지금 안고 있는 문제의 포인트를 응용 예로서 구체적으로 해설하겠는데, 다음 장을 위한 이론편으로서, 또는 지금 나타나고 있는 변화의 조짐 현상을 규격화 하고 해명하는 태도로 이 장을 시작하겠다.

1. 공업화 사회의 정체와 정보화 사회의 출발

1) 물건의 판매가 신장되지 않게 되었다

경제 활동의 최종 목적은, 대중 개개인의 생활 향상에 있다고 해도 좋을 것이다. 그러나 현재의 사회 구조, 즉 공업화 사회에서의 경제 활동은 공업화를 보다 적극 추진함으로써 대중 개개인에게 소비재를 충분히 제공하고 그 소비 생활을 보다 향상시키는 것을 최종 목적으로 하고 있다고 말할 수 있다.

거기서는 생산재 메이커의 활동이나, 대상사와 대은행의 기능도 역시 최종 목표는 개인 생활의 향상을 목적으로 소비재를 풍부하게 대중 개개인이 사용할 수 있도록 하는 데에 있다고 해도 좋다. 장황한 것 같지만, 현재의 사회제도라든가 경제 활동은 틀림없이 최종 소비자인 개개인의 물질적 소비 향상에 의하여 지탱되도록 되어 있다. 여기서 중요한 문제는 어디까지나 물질적인 것이다.

사실 우리 인류는 그 오랜 역사의 과정에서, 소비재 분야만으로 국한시켜 보아도, 물질적으로 충분히 만족했다고 하는 일은 이제까지 없었다고 해도 좋을 것이다.

따라서 근대가 되고 상업이 발달된 후, 생활을 풍요롭게 하고 향상시킨다고 하는 것은 물건의 공급·소유·사용 등을 증가시키는 것이었다. 그 때문에 물건을 생산하고 공급하는 것은 끊임없이 선(善)이었고 물질적 소비는 거시적으로 보면 계속 증가되어 왔던 것이다.

그 하나의 현상으로서, 2차 대전후의 일본은 끊임없이 정상적인 경제 활동이 영위되고 있던 일도 있어서 보통의 기업들은 실질적인 매상이나 이익이 해마다 증가되는 것이 당연했다.

그런데, 1973년의 오일 쇼크를 계기로 양상이 바뀌어 갔다. 물건의 소비량 신장에 그늘이 지기 시작했던 것이다. 나아가 1980년부터는 완전 물건의 판매에서 '신장'이라고 하는 말이 사라지게 되었다.

물건은 여전히 팔리고는 있다. 그러나 매상의 신장률은 실질적으로는 0%에 가깝고 실질적인 물건의 매상액은 최근 2~3년 완전히 보합상태가 되었다. 표 5는 1980년~82년의 일본 주요 소매점 매상고 신장률을 나타낸 것이지만, 인플레이션 비율을 감안할 때, 주요 소매점(백화점협회와 체인스토어협회 가맹 기업의 가게)의 실질 매상의 신장률은 조금 마이너스가 아닐까 여겨진다. 그리고 그 밖의 소매점도 나의 회사=일본 마케팅센터의 추정으로는, 현실적으로 거의 매상이 신장되지 않고 보합상태라고 해도 좋으리라 생각된다(표 5의 주 참조). 그리고 그것은 최근 3년 동안만의 특질이라고는 말할 수 없고 나와 같은 처지의 사람 눈으로 보면 1983년 이후 물질적 소비나 실질 신장율에

⟨표 5⟩ 일본의 주요 소매점 매상 신장률

〈기존의 점포 기준〉

	백화점 협회 가맹점의 실적	체인스토어 협회 가맹점의 실적	모든 공업제품 인플레율(率)
1980년	8.2%	7.6%	7.9%
1981년	4.7%	4.6%	4.3%
1982년	2.3%	1.6%	2.6%

① 일본의 주요 소매기업은 백화점 협회와 체인스토아 협회에 대부분 가입하고 있다.
② 이 두 협회의 가맹점은 대부분 대형점 규제의 대상으로 1980년 이후, 거의 신설 점포의 개점이나 매장을 확대하지 않고 있다.
③ 가계(家計) 조사에 의하면, 실질적으로 1980년, 1981년의 개인소비 신장은 '물건의 소비'를 소매점에서의 매상과 유추(類推)해 보면, 물건은 1980년, 1981년과 마찬가지로 분명히 매상 신장이 중단되고 있다.

있어서 마이너스를 계속한다고 생각하지 않을 수 없다.

그 이유는 제1장에서도 말했듯이, 라이프 사이클적인 관점에서 본다면, 소비재에 있어서는 성숙기가 끝나고 사양기적인 현상이 참으로 많이 나오고 있는 것으로도 증명된다.

① 예컨대 소매점에서 보면, 지금 백화점 등 대형점의 리뉴얼·리모델 등의 개장(改裝) 활성화가 성행하지만 지역 일등점이 아닌 경우, 그 대부분은 경영 채산상으로 완전히 실패이고 지역 일등점에서도 오히려 리뉴얼·리모델이 경영면에서는 마이너스로 작용하는 수가 많다(이 책 제3장에서 자세하게 이유를 말한다).

또 아케이드를 상점가로 만들고, 시가지의 재개발에 의해 소매점과 상점가가 새로 생기거나 깨끗해져, 눈으로 보기에는 참으로 좋지만 경영이라고 하는 점에서는 거의가 채산에 맞지 않는다.

즉, 스스로 경영상 압박을 받게 된다.

라이프 사이클적으로 보아 사양기가 되면 매우 획기적이고 고객 지향적인 새로운 방법을 내놓지 않는 한, 약간의 변화로는 손님이 거들떠 보지도 않을 것이다. 기업측에서 볼 때도, 새로운 고객은 늘어나지 않고 이미지도 좋아지지 않는다.

한번 이미지가 바뀌면 옛 고객이 줄고 상당기간 좀처럼 원상 회복이 안된다.

소비재의 제1선에 있는 소매점과 소비자의 동향으로 보아 틀림없이 소비재(물건)는 이제 사양기로 들어섰다고 해도 좋을 것이다.

② 또, 물건을 파는 방법에 있어서는 '가게로 끌어들이는 방법'과 '손님이 있는 데까지 접근하는 방법'이 있는데, 이 2가지 방법이 서로 경합하면 손님에게 접근하는 쪽이 절대적으로 강하고 효율도 올라가게 되었다.

독자 가운데는 이렇게 말하면 '백화점에서는 찾아오지 않는 고객에게 파는 외판이 있기 때문에 수지가 맞지 않는다. 따라서 손님에게 접근하는 편이 효과적이라고 하는 것은 경영적으로 긍정할 수 없다'는 의견인 사람이 있으리라고 생각하지만, 그것은 생각이 부족한 사람들이다. 이미 손님에게 접근하는 편이 경영 효율상 높다는 것이 이론적으로도 해명되었고, 나의 고객 회사에서는 이미 실험이 끝나 실행 단계에 들어가 있다.

백화점의 외판도 전 매상에서 차지하는 외판 매상의 비율이 멀지 않아 50%를 넘을 것이라 생각되므로 앞으로 몇 해 안에 혁명적인 변혁을 일으킬 것 같다(이것에 관해서는 제3장에서 다소나마 설명하려고 한다).

이 '접근하는 방법이 유리'하다고 하는 것은, 제1장에서 설명한 '스토어리스 세미나'의 성황과 더불어 소비재 업계가 사양기로 들어섰다는 증명이기도 하다.

③ 그 밖에, 중간계(中間系)는 안되므로 최종 도달계(到達系) 이외는 목적하는 방향이 경영면에서 안심할 수 없는 상황인 것, 유통업계에서는 관리 메릿(merit)이나, 착취 메릿적인 것을 추구 할 수 없게 된 점, 또 대형점 규제 등 정부의 소매점을 위한 보호 통제 기운이 더욱 강해지려고 하는 것, 나아가 제1장에서 말한 바와 같이, 장사의 결정적인 수단이 개별적인 대응으로 발전되고 있는 것, 메이커 마케팅이 쓸모 없게 된 점에서도 소비재가 이제 사양기에 들어섰다는 말이 결코 지나친 말이 아닐 것이다(여기 에 관해서는 나의 근저《성공론》《인생 오류의 책》《후나이 유끼 오의 신경영혁명》등을 참조할 것).

사양기로 들어섰다고 하는 것은 소비량이 감소로 돌아섰을 뿐만 아니라, 실질적인 소비액에서도 향상이 없다는 것이다.

나는 앞으로도 물건의 매상은 신장되지 않을 것이라고 생각한 다.

더구나 멀지 않아 반드시 유통혁명이 일어난다. 그것은 물질 적인 낭비의 배제를 위한 것이므로 장래에도 물건의 소비에 대해 서는 양적으로나 금전면으로도 비관적이 되지 않을 수 없다는 것이 된다(아마도 이대로 물건의 소비가 계속 줄어들면 대불황 이 올 것이다. 그것을 커버하고 원활하게 정보화 사회로 이행시 키며 신유통혁명으로 이어지게 하는 것이 스토어리스, 캐시리스 등 새로운 구조의 소매 방법이라고 나는 생각하고 있다. 그 점에 대해서는 뒤에 가서 상세하게 언급하겠다).

어쨌든 물건의 매상이 신장되지 않게 되었다고 하는 것은 그것 에 의하여 성립되고 있던 공업사회가 막다른 골목에 이르렀다고 하는 것일 것이다.

2) 대중이 공업화 사회에 반란을 일으켰다

1977년 경, 신사복의 목깃 폭이 10cm에서 12cm 정도였다. 신사복의 목깃 폭이 넓으면 커터셔츠의 목깃 폭도 넓지 않으면 어울리지 않았고 당연히 넥타이의 폭도 넓지 않으면 맞지 않는다. 당시의 넥타이 폭은 역시 9~11cm 정도 되는 것이 상식이었다.

그런데 그 뒤, 급속히 신사복의 목깃 너비가 좁아지게 되었다. 1980년 경에, 그것은 8cm 정도가 보통이 되었다. 물론 커터셔츠의 목깃 폭도 좁아지고, 넥타이 폭도 8cm 이상은 이상하게 보였다.

스커트의 기장이 길어지거나 짧아지는 것과 마찬가지로 신사복도 이와 같이 이제까지의 물건 그리고 아직 충분히 사용할 수 있는 데도 새로운 유행을 의도적으로 만들어 냄으로써 쓸 수 없게 하고 새로운 것을 소비자에게 팔아 소비를 증가시키려고 시도해 왔던 것이다.

이런 것을 물질적 낭비(만들기)의 제도화라고 하는데 공업화 사회라고 하는 것은, 물질적인 모어 앤드 모어(more and more)의 추구에 의하여 성립되는 사회이므로 공업화 사회도 말기가 되면 모든 상품은 물질적 낭비의 제도화에, 기업에서는 살아남을 길을 강구하게 된다.

그러나 아무리 생각해도, 이러한 물질적 낭비의 제도화는 우리 인간들이 나아가는 방향으로서도, 세상의 생성 발전이라는 원리나 인간성에도 맞지 않는 것이다. 그것은 세상을 반대로 나쁘게 하지 않을 수 없고 인간의 특성인 이성에서 볼 때도 전적으로 어리석기 짝이 없는 시스템화라고 할 수 있다. 그래서 대중이 공업화 사회에 반란을 일으켰다고 해도 좋지 않을까.

물론 그 이유는 지적 수준의 향상에 따라 공업화 사회의 최대 무기인 대량화·획일화·규격화에 대해 대중이 외면한 것도 있고 오일 쇼크에 따라서 지구든가 자원의 유한성에 눈뜬 대중이 본능적으로 절약 지향에 눈뜬 때문이기도 하다.

그러나 무엇보다도 가장 큰 이유는 이미 물건은 풍부하고 더이상 낭비하거나 유행 조작에 놀아나는 것에, 대중의 양심이 반란을 일으켰다고 하는 쪽이 좋을 것이다. 이 세상에서 원리, 원칙의 위반은 오래 계속되지는 않는 것 같다.

그런데도, 메이커나 소매점은 물질적 낭비 촉진에 습관된 메이커적 마케팅에서 아직 한 걸음도 나오려고 하지 않는다. 그래서 실망한 대중이 공업화 사회에 반란을 일으켰다…… 여기에서 물건의 매상이 신장되지 않게 되고 보통의 경우, 약간의 노력으로는 실질 매상이 전년보다 내려가는 것이 기업 수준에서는 당연한 일이 되었다고 해도 좋지 않을까.

이러한 상태를 나타내는 가장 좋은 증거는 저축액의 증가이다. 지금, 연간 GNP가 명목상 250조엔을 넘는 일본의 저축 총액은 3백수집조엔인데, 해마다 참으로 수십조엔 이상으로 저축액이 계속 증가되고 있다. 이것은 소득이 신장되지 않으므로 소비가 신장되지 않는다고 하는 것은 정확한 이유가 아니고 오히려 소비자에게는 돈은 있으나 물건을 사고 싶지 않으므로, 혹은 사고 싶은 구조가 되어 있지 않으므로 소비가 신장되지 않는 것이라고 해도 좋을 것이다.

물건의 매상이 신장되지 않는다고 하는 것은 대중이 공업화 사회에 반란을 일으킨 것이 된다. 아마도 분명히 말해 공업화 사회는 벽에 부딪히지 않을 수 없을 것이다.

3) 새 사회를 위한 4가지 조건이 충족된다

공업화 사회가 벽에 부딪히려고 하고 있다. 어떻게 하면 좋을까?

우리들이 아는 한, 인류는 몇 번씩 벽에 부딪혀 왔다. 그러나 그때마다 인간의 지혜가 새로운 사회를 개척하여 왔다.

현재도 바로 이와 같은 과거 역사상 문제와 같은 현상이 일어나려 하고 있다. 아니 그 보다도 이미 일어나고 있다.

이른바 새로운 시대의 개발, 사회의 도래라고 하는 것은 역사적으로 보면 다음과 같은 4가지 조건이 충족됨으로써 비로소 일어날 수 있는 것이다.

---

① 우선 옛날의 사회 구조가 벽에 부딪히는 것이 출발점이다. 원시사회시대, 수렵시대, 농업시대를 거쳐 현재의 공업화시대와 같이 기본적인 사회 구조가 변해 온 것인데, 각 시대마다 인구 증가와 식량난, 생활난 혹은 지적 수준의 상승이 구사회의 구조를 벽에 부딪히게 했다.

이와 같은 관점에서 볼 때, '물질적인 모어 앤드 모어(더욱 더)'로 상징되는 현대의 사회 구조, 공업화 시대의 사회 구조는 '물건이 팔리지 않게 된 것'과 '물건의 기본인 물질적 자원은 무한이 아니라는 것' 때문에, 분명히 벽에 부딪히게 되었다고 할 수 있다. 이 이상 개개인들이 물건을 소유하고 소비하려고 하면 지금 급격히 인류가 평등화, 고소득화, 고교양화 되면서 자유와 풍요의 추구에 나섰으므로 사회 구조가 붕괴되고 마는 것은 불을 보는 듯이 뻔하다고 할 수 있다. 좀 지나친 말인지는 모르지만, 그 해결책으로서는 '물질적 낭비'의 제도화에서 '문화적 낭비'

의 제도화를 목적으로 하는 이외에 적당한 방법은 생각할 수 없다고 생각하고 있다.

더구나, 이 문화적 낭비라고 하는 것은 물질적 낭비와 상대적인 말이지만 문화가 지닌 성격상 결코 그것은 낭비가 되지는 않고, 인류의 목표인 풍요의 추구를 물질과 정신의 추구로 나누어 생각할 때, 오히려 정신적으로 사람을 풍요롭게 할 것이다.

이 문화적 낭비를 뒷받침하는 사회 구조가 무엇인가 하면, 그것은 정보를 중심으로 한 사회라고 할 수 있지 않을까.

어쨌던, 새로운 시대가 오는 제1조건인 옛날 사회구조가 이제 막다른 골목에 이르렀다고 해도 결코 지나친 말은 아닐 것이다.

② 사회 구조가 변하는 두번째 조건은, 획기적인 새 기술이 개발되고 이와 병행하여 많은 부수적인 기술이 나타나게 된다고 하는 것이다[이것에 관해서는 정보사회연구소의 增田米二 씨가 가장 권위자이다. 增田씨의 저서·논문을 참조할 것].

수렵 시대의 획기적인 새 기술은 돌도끼의 발명이고 부수적인 기술은 활이든가 말의 발명이었다. 마찬가지로 농업 시대의 새 기술은 괭이와 가래와 같은 농기구의 발명이고 부수적인 기술은 문자나 천문학의 발명과 발달이었다. 또 공업화 사회의 새 기술은 증기 기관의 발명이며 부수적 기술은 방적·인쇄·경제학 등을 생각해도 좋을 것이다.

이와 같은 관점에서 보면, 앞으로 새로운 시대의 획기적인 새 기술은 틀림없이 컴퓨터이고 일렉트로닉스, 광통신, 바이오테크놀로지 등은 부수적 기술일 것이다. 이 모든 것들이 획기적인 기술이며 이들의 영향을 검토하면 할수록 이제까지 사회제도의 기본적 구조였던 물질적 낭비의 제도화를 깨는 작용을 하는 것이라고 생각된다.

③ 3번째 조건은, 이 새로운 기술을 받아들이는 사회 조건, 즉 경제 조건이나 인간의 지적 조건이 이미 정비되어 있고 그리고 그것들의 기술이 받아 들여지는 사회상태가 되어 있다……고 하는 것인데, 일본은 지금 세계 속에서 지적 수준이나 경제 조건이 가장 이들 새 기술을 받아 들이기 쉬운 나라일 것이다.

지금의 일본은 뉴 미디어도 그러하지만 정보면에서 볼 때, 매스 커뮤니케이션에서 탈(脫) 매스 커뮤니케이션의 시대로 들어가려고 하고 있다. 이것은 탁상 전자 계산기의 예에서도 알 수 있듯이, 정보 기술의 가격이 대체로 10년에서 100분의 1이 되어 왔고 앞으로도 이 경향이 계속될 것이라고 생각되니까, 가정이나 개인은 충분히 개개의 정보 이용이 가능해진 것과 광통신도 실용화 될 것 같다는 점에서 분명해질 것이다.

더구나, 광통신의 연구에서는 지금 일본이 세계의 최첨단을 달리고 있고 실용적으로 이를테면 오피스나 가정에 정보의 굵은 파이프가 직결될 수 있다는 것이고, 일본인의 높은 지적 수준, 강한 호기심과 무엇이거나 수용하는 국민성 등에서 생각할 때, 탈 매스 커뮤니케이션 시대를 세계에서 가장 빨리 만들어 낼 나라일 것이라고 생각된다. 아마도 이제까지 말해 온 정세에서 볼 때, 일본은 1980년대 후반에 정보 제공 서비스가 가장 활발한 시대로 정착될 것이라고 말해도 좋을 듯하다.

이렇게 생각하면 3번째의 조건이 정착에 대해서는 이미 설명할 필요는 없을 것이다.

④ 그리고, 제4번째의 조건인데, 새로운 사회적 생산성=생산의 척도가 나타나지 않으면 안된다는 것이 되는데…….

과거의 예를 보면, 그것은 수렵 시대의 집단적인 생산성, 농업 시대의 토지 생산성, 공업화 시대의 자본 생산성이나 노동 생산성과 같은 것이지만, 이번에는 아마도 정보 생산성과 같은 척도가 나타날 것이라고 생각된다. 아마도 그것은 척도로서 효율적인 이용도를 나타내는 것이 될 듯한 느낌이 든다. 생각해 보면 지금 우리들에게 있어서 가장 큰 관심사는 효율성이 아닐까.

시간의 효율적 이용, 물질의 효율적 이용, 사람의 효율적 이용, 돈의 효율적 이용 등이 정보를 잘 이용하고 새 기술을 이용함으로써 완전히 꽃피울 듯하다. 그것은 멀리 돌아가는 길이나 낭비를 배제하여 손해를 감소시킨다. 낭비의 효율 등을 말하지만, 역시 낭비가 없이 효율적인 것보다 더 나은 것은 없다. 여기에서 문화나 정보라고 하는 것은 소비성이나 이전성이 없고, 누적성이 있으므로 낭비가 낭비로 되지 않고 플러스로 된다는 특성이 있다. 정보에 부수되는 새 기술에 의해 낭비라고 하는 마이너스가 플러스로 바뀔 수 있다고 하는 나의 주장을 아마 여기까지 설명하면 이해할 수 있을 것이다.

택시의 손님 기다리는 시간, 도로 혼잡에 의한 정체의 시간 낭비와 초조감, 10년에 1번 정도밖에 입지 않는 옷을 사두는 낭비, 손님의 의향에 맞추려고 해도 손님의 의향을 모르기 때문에 큰 손실이 생기고, 결국, 판매가를 높게 하고 있는 메이커 머천 다이징의 맹점이나, 소매점에서 상품 갖추기의 어려움, 주식 매매에 의한 대손실 등은 아마도 정보 생산성=효율 이용도가 되었을 때, 새 기술 등의 실용화로써 해소될 가능성이 매우 큰 것이다.

어쨌든 세상은 멀지 않아 바뀔 것이고 변하지 않을 수 없다고 해도 결코 과언은 아닐 것이다.

바야흐로, 새 사회를 위한 4가지 조건은 보기좋게 충족되려 하고 있다.

4) 현재는 공업화 사회와 정보화 사회의 과도기이다

새로운 사회는 정보화 사회라고 부르는 것이 가장 어울릴 것 같다. 왜냐하면 거기서는 정보를 바탕으로 그 다면성(多面性)과 심리성을 이용하여 인간 행동이 효율적으로 이루어지게 되리라고 여겨지고 정신적인 만족이 큰 무게를 차지하게 되며 현재의 공업화 사회의 물질적 중심형에서 크게 비약할 것이라고 생각되기 때문이다.

다만 우리는 오랜 동안 공업화 사회에 익숙해지고 그에 따라 경제 기반이나 사회 구조의 기초가 되어 있기 때문에 정보화 사회의 경제 기반이나 구조적 기초를 확립하고 궤도에 올려 놓기까지 앞으로의 10여년은 많은 고생을 하지 않으면 안되리라고 생각한다.

어쨌든 라이프 사이클적으로 보면 물건은 사양기에 접어들었으나 정보는 성장기에 들어섰다고 생각해도 좋을 것 같다.

현재로서는 시대를 조금 앞지른다고 해도 되는 신문에서 거의 매일과 같이 정보화 시대라고 하는 말이 나오게 되었다. INS나 VAN이라고 하는 말도 뉴 미디어처럼 대부분의 유식자들의 화제가 되었다.

일본 전신전화 공사를 비롯하여 정보관련 각 기업체는 새 산업 혁명이 '정보화'로 생활을 변화시킬 것이라고 다짐하고 있는 듯하다.

사실 바야흐로 작은 기업에서도, 또 공공 단체에서도 대량 정보의 기억 및 출력 장치라고도 할 수 있는 컴퓨터를 사용하고 있지 않은 곳은 찾아 보기가 어렵게 되어 가고 있다.

이와 같은 점에서, 현재는 공업화 사회와 정보화 사회의 과도

기라고 하는 것이 가장 올바른 표현일 것이다.

그래서 최근에 화제가 되고 있는 새로운 장사든가 새로운 장사 방법 등을 조금 설명하겠다.

그 모두는 정보 그 자체거나, 공업화 사회와 정보화 사회의 가교 서비스와 관계가 있는 것을 알 수 있다.

① 우선 유통업계가 이미 진출하여 화제를 제공하고 있거나 혹은 금년 중에 진출할 것이라고 생각되는 것은 소비자 금융, 크레디트, 보험, 부동산 매매의 알선, 전화 판매, 가정배달 편의 중개, 법률 상담, 마이크로 컴퓨터의 교실, 여행 알선, 유선 텔레비전 방송국의 경영 등, 정보와 관련되고 주택 리폼, 흰개미 구제, 이사 돕기, 심부름센터, 홈헬퍼의 파견, 학원, 렌트카, 자동차 학교, 자동차 검사, 자동차 수리 등의 서비스와 관련된다.

정보화 시대가 되면 인간의 특성에서 보아도, 그 포인트가 되는 컴퓨터의 특성에서 보더라도 한 고객의 다양한 욕구에 전면 적으로 개별 대응하지 않으면 기업 경쟁에서 이길 수 없게 된다고 하는 것이 정보의 성격상에서 추정할 수 있는데, 그를 위해서는 모든 정보와 서비스 제공을 가능하게 하고 그것들을 통해 물건을 팔거나 음식이나 레저를 소비자에게 즐기게 하면 외상을 지는 경우도 있게 될 것이다.

이러한 장사 방법은, 공업화 시대에서 단지 1품목 상품을 될 수 있는 대로 대량으로 파는 것을 목적으로 하는 장사 방법과는 근본적으로 다르다.

화제가 되고 있는 유통업계의 신규 진출 사업을 이러한 눈에서 볼 때, 그것이 정보와 서비스 관련에 집중되고 있는 것에서 보더라도, 이것만으로 현재가 공업화 사회와 정보화 사회의 과도기라고 하는 것을 잘 알 수 있다.

② 이미 말한 바와 같이, 공업화 시대가 사양기가 되면 물건을

팔기 위해서는 손님에 대해 개별 대응을 하지 않으면 안 되게 된다. 퍼스널 마케팅이 가장 중요하다고 하는 것도 그 때문인데, 관점을 바꾸면 멀지 않아 찾아 올 정보화 시대를 지향하여 지금 가장 정보에 관계가 있고 개별 대응할 수 있는 것은 전화이다. 더구나 보급률은 일본에서 100%에 가깝고 누구나가 손쉽게 이용할 수 있다. 그래서 우선 전화 이용 판매가 지금으로서는 가장 시류에 맞고 화제가 되고 있다.

지금, 이 시점에서 화제가 되고 있는 것은 전화 받기의 대행업, 전달 서비스업, 전화에 의한 외국어 학습 등이다.

전달 서비스업이라고 하는 것은 최근 안전개발연구소가 시작한 것인데, 본인을 대신하여 전화로 이야기를 전달해 주는 장사이다. 예를 들면 다수의 거래처에 대한 연락 등이 해결되고, 요금도 월에 1,500엔으로 싸며 세일즈맨이나 자영업자에게는 편리하고 값싸서 인기를 끌고 있다.

외국어 학습에 대해서는 내가 알고 있는 사람에게도 이용자가 많이 있다. 미리 정해 놓은 시각에 외국인 강사에게 전화를 하고 회화 연습을 하게 하는 구조로 되어 있는데, 예약제의 장점도 있어서 호평이다. 낭비가 없고 완전히 개별 대응이 가능하게 된다.

그리고 최근의 재미있는 화제는 전화의 전송(轉送) 비즈니스의 관민(官民) 레이스이다.

전전(전신전화)공사는 1982년 2월부터 요코하마(橫浜) 시내의 일부에서 전화의 전송(轉送) 서비스를 시작하고 현재 도쿄·오사카·나고야까지 서비스 대상 구역을 확대하고 있다. 나의 친구도 이 서비스망에 가입한 사람이 있는데, 그에게 연락을 할 때에는 눈 깜짝할 사이에 가능하므로 참으로 편리하다. 현재 전전 공사의 전화 전송 서비스는 프슈폰(push phone)식 전화에 한정되어 있고, 전송할 수 있는 곳은 일본 전국 어디라도 가능하다. 또 요금은 월간 2,400엔인데, 83년 중으로는 서비스 지역을 전국의 부현청(府縣廳) 소재지와 기타 큐슈(北九州)·가와자끼(川崎) 2개 시로 확대하려고 하고 있다.

한편, 전전공사에 대해서 체스콤이나 일본 테크노의 전화 전송기가, 공중전기전화법에 의해 형식 승인을 받은 데서 체스콤이나 일본 테크노가 자회사를 만들어 전화 전송을 포함하여 24시간 영업의 비서 업무에 나섰다. 아마 이것은 크게 번창할 것이다. 나와 같이 비즈니스의 제1선에 있으면 그 필요성을 분명히 알 수 있다.

이 관민(官民) 레이스의 결과와는 관계없이, 지금 흥미의 대상이 되고 있는데 편리한 세상이 되고 있다.

어쨌든 이것들은 현재가 공업화 사회와 정보화 사회의 과도기임을 나타내는 하나의 현상이라고 인정할 수 있을 것이다.

2. 정보화 사회의 포인트

1) 모든 사람이 현재의 엘리트처럼 된다

정보화 사회란 어떤 사회일까. 간단히 말하면 모든 사람이 현재의 엘리트처럼, 시간을 가장 효율적으로 이용할 수 있고 더구나 심리적, 문화적으로도 충분히 만족할 수 있는 사회라고 생각하면 된다.

예를 들어 총리대신의 일정은 아마도 분초를 다툴 것이다. 직무상 가장 효율적으로, 게다가 능률적으로 시간을 이용하고 활용하지 않으면 안되는 이상 어쩔 수 없는 일이다. 그러나 총리대신도 인간이므로 스트레스를 피하는 데에도 신경을 쓰지 않으면 안되고 교양이나 지적 수준도 향상시키지 않으면 안된다.

그 때문에 선진국 수뇌회의에 출석하게 되면, 나리다(成田)가 아니고 하네다(羽田)에서 전용기로 출발하게 된다. 지금의 나까소네(中曾根) 수상도 바쁜 스케쥴 속에서 휴식의 시간, 공부하는 시간, 수영으로 신체를 단련하는 시간 등을 잘 배정시켜 스케쥴을 작성하는 듯하다.

총리대신 정도가 아닐지라도 엘리트라고 불리는 사람들, 사회의 제1선에서 리더십을 가지고 있는 사람들은 대개의 경우, 시간을 잘 이용하지 않으면 지금으로서 완전하다고 해도 좋을 정도로 직무를 수행할 수 없게 되어 있다.

나는 엘리트라고는 할 수 없으나, 그래도 1,300여 회사의 고문기업을 가진 경영 컨설턴트 회사 사장으로서 관련 회사도 10여개사 가지고 있고, 그 위에 거절할 수 없는 강연이 연간 300회 정도있다. 저서도 연간 2~3권은 쓰고 싶고 매달 10여곳의 잡지나 신문의 원고를 의뢰받는다. 또 해마다 몇 번인가는 외국에도 가지 않으면 안된다.

그리고 한 집안의 가장으로서의 용무도 있고 가정 서비스도 하고 싶다. 아내나 아이들로부터 모자(母子) 가정이라는 말을 듣기가 싫다.

신체도 단련하지 않으면 안된다. 필요한 정보나 지식에도 관심을 갖고 싶고 책도 읽고 싶다. 때로는 영화도 보고 싶고 뜰도 가꾸고 싶다. 미인과 느긋하게 이야기를 나누며 차도 마시고 싶다…… 등등이 되면, 정말이지 몸이 다섯개 정도 필요하게 된다. 혹은, 하루가 100시간 정도는 있었으면 하고 생각한다.

그러나 하루는 24시간, 몸은 하나밖에 없다. 그런데 지금 여기에 쓴 희망의 거의 전부를 나는 매우 멋지게 하루 24시간 내에 채워가고 있다는 생각이다.

그러기 위해서는 간세이(關西)와 도쿄에 주거가 있고, 차도 양쪽에 가지고 있다. 운전사도 있고 멋진 비서도 도쿄와 오사카에 있다. 이 사람들이 나나 아내와 상담하면서 적은 시간에 해내지 않으면 안되는 많은 일들을 스케줄링하여, 시간을 최대한 유효하게 쓸 수 있도록 준비해 주고 있다.

물론, 서글프지만 밤의 모임에는 최근 몇 해 동안 절대라고 해도 좋을 정도로 나간 적이 없고 동창회 등도 거의 결석해 왔다. 또 친한 사람이 죽어도, 장례식은 갑자기 찾아오는 것이므로 별로 참석한 적이 없다.

그럼에도 마음은 의욕적이고 바쁜 것을 즐기고 있으며 근래 10년 남짓 병에도 걸린바가 없었고, 남과 약속한 것은 우선 100%라고 해도 좋을 정도로 실행해 왔다.

지금 나는 솔직히 말해서 스트레스도 거의 받지 않고 사는 보람을 느끼며 참으로 건강하게 살고 있다.

정보화 사회에서는 이 전문적인 비서나 주거와 차 그리고 운전사의 역활을 보통 사람이 가입하게 되는 정보 통신 네트워크 그룹이 해준다. 그리고 모든 사람에게 시간을 최대한으로 훌륭하게 활용케 해 준다. 여기에 심리적, 문화적인 만족까지 주면서…… 하는 것이 빠르면 10년 뒤, 늦어도 20년 뒤의 정보화 사회의 모습일 것이다.

그 때는 모든 사람이 손쉽게 현재의 엘리트처럼 행동할 수 있고 만족할 수도 있게 될 것이다.

여기서 이 책의 내용과는 약간 멀어지게 되지만 나의 철학을 조금 말해 두겠다.

정보화 사회가 되면 과연 사람은 행복하게 될 것인가 라는 질문을 최근에는 자주 받게 되었다.

인간은 가능한 한 '단념하지를 못하는' 특성을 지니고 있다. 가능성이 지금의 인간 지혜나 환경에서 한도가 없다고 한다면, 끊임없이 현상에 불만을 품고 살고 있다고도 말할 수 있다. 그러나 그것은 마음 먹기의 문제로서 '옛날보다는 편리해졌다. 좋아졌어. 고마운 일이야. 그러므로 할 수만 있다면 더욱 좋아지게 하자. 그러면 더욱 편리해질 것이다'라고 감사와 꿈을 가지고 끊임없이 만족하면 살 수도 있는 것이다.

행복하다고 생각하면 행복하고 불행하다고 생각하면 불행한 것이 인간이다.

그 행복의 근원은 현상의 긍정에서 있는 감사와 꿈이고 불행의 근원은 현상 부정에선 불안이라고 할 수 있을 것이다.

인간은 당연히 그 능력과 특성에 의해, 보다 향상되고 생성 발전하는 동물이라고 할 때 '감사와 꿈' 쪽이 그 스피드가 빠른가 '불만'이 빠른가 하면, 나는 경험상으로 아무래도 '감사와 꿈'이 빠르다고 생각하며 더구나 그 쪽이 행복하게 살 수 있다.

'우리는 사람으로서 태어나고 그리고 향상하며, 계속 진보해와서 지금도 행복하다. 정보화 사회가 되면 더욱 행복해질 수 있다'고 생각하는 쪽이 올바르지 않을까?

2) 전면적 개별 대응 시스템의 완비로

이제까지 정보화 사회는 모든 사람이 지금의 엘리트처럼 시간을 자기의 의사에 따라 가장 유효하게 사용할 수 있는 사회라는 것을 설명했다.

현재와 같이, 어떤 곳에 가려고 할 때, 적당한 교통기관이 없어 하는 수 없이 시간을 기다리거나 때마침 목적지를 향하고 있어도 교통 체증으로 초조해지거나 하는 상태가 될때에는, 정보가 발달되고 그것을 운용할 수 있는 사회적 시스템이 구비되어 있다고 여겨지므로 최소한으로 끝나게 될 것이다.

그것은 모든 사람이 현재의 엘리트와 비슷하게 되는 일인데, 다른 면에서 본다면 전면적인 개별 대응 시스템이 완비되는 것이기도 하다.

예를 들면, 현재 비즈니스상의 행동에 있어서, 나는 한 사람의 여비서에게 지시하고 상담하는것 만으로 거의 모든 것이 원활하게 진행되고 있다. 그녀는 나의 일정을 작성하고 차를 준비하며 비행기나 열차의 표를 준비할 뿐만 아니라 점심이나 저녁 식사의 장소로부터 때로는 나의 기호에 따른 식사 메뉴까지 철저하게 준비해 준다. 그리고 만나지 않으면 안되는 사람, 만나는 시간, 대화의 내용까지 대개는 연락해 주고 내가 알지 않으면 안되는 정보에 대해서도 될 수 있는 대로 완벽하게 모아서 알려 준다.

생각해 보면, 나는 1명의 여비서에게 비즈니스를 거의 전면적으로 맡기고 있는 셈이고 그녀는 비즈니스에 관한 한 나의 개별적 욕구에 거의 전면적으로 대응하고 있는 것이 된다.

'우수한 비서가 좋은 일을 하는 열쇠이다'라고 흔히 말하지만, 그것은 자기의 요구에 전면적으로 개별 대응해 주니까 참으로 능률적이고 편리하기 때문이다.

일반적으로, 부부란 매우 소중한 관계이다. 생각해 보면, 서로 상대방을 잘 알고 있으므로 전면적으로 개별대응하면서 살고 있는 관계이기 때문이라고 할 수 있다.

제1장에서 말한 심부름센터가 인기를 끌고 장사가 될 수 있게 된 것도 전면적으로 개별 대응해 주기 때문이고, 일본의 기업이나 관청이 능률이나 효율은 별도로 하고, 많은 기능을 대행하는 조직체로서 뛰어난 점은, 역시 종업원이나 관리들이 관계된 분들

요구를 전면적으로 개별 대응하기 때문일 것이다.

나는 한 사람의 경영자로서, 될 수만 있다면 대기업 그룹을 만들고 싶다고 생각하고 있다. 그렇게 되면 그룹 기업 내에서 역대(歷代) 고용(사원의 아들이나 손자, 혹은 친족을 우선적으로 고용하고 싶다)도 가능해진다. 병원도 만들 수 있고 레저 시설과 학교를 세우는 것도 가능하다.

사원이나 그 가족들의 개인적인 요구에 될 수만 있다면 전면적으로 대응할 수 있도록 하고 싶다……고 하는 것이, 기업 그룹을 크게 발전시키고 싶다는 경영 목적의 전부라고는 말할 수 없지만 일본의 경우, 매우 크나 큰 의미를 차지하고 있는 하나의 목적임에는 틀림없기 때문이라고 생각한다.

병에 걸리면 마음대로 병원에 갈 수 있으며 놀고 싶을 때는 마음대로 좋아하는 곳에서 놀 수 있고 또 사고 싶은 물건은 각각의 전문점에 가서 살 수 있는 행동 방식이 베스트라고 하는 사람도 있으리라고 생각하지만, 그런 사람일지라도 훌륭한 비서가 있어, 이 병이라면 어떤 의사, 이 놀이라면 어느 유명한 리조트 지대로, 그리고 닛트라면 당신은 이 백화점 하며, 미리 기호에 따라서 코디닛트하고 정보를 주면서 준비도 해 준다면 역시 모든 것을 스스로가 신경쓰는 것보다 훨씬 좋은 것을 알 수 있을 것이다.

이처럼 '전면적으로 개별 대응해 주는 것'이 모든 대중 개개인을 위해 가능한 것이 정보화 사회이다.

이 '전면적으로 개별 대응해 주는 것'은 대부분 대중 개개인이 가입하는 정보 통신 네크워크 그룹인데, 전면적 대응이라고 하는 조건과 일본인의 미래 개인 생활을 생각하면 전국적인 규모로 발전될 것이다. 물건의 교류라고 하는 점에도 전국적인 것이 효율적이라고 생각된다.

분명히 말해서, 10년 뒤에는 전국적인 정보 통신 네트워크 그룹이 여러 개 생기므로, 대중 개개인은 그 가운데 하나에 가입하고 각각의 다양한 개별적 요구에 전면적으로 대응받을 수 있도록 스스로의 그룹에 요구할 것이다.

여기에 어떻게 대응하는가 하는 것은 정보 통신 네트워크 그룹의 결정적인 수단이 될 것이므로, 각 그룹은 가입자의 개별 요구를 전면적으로 대응하기 위해 모든 노력을 기울이게 되고, 경쟁하게 되어, 소비 생활은 이에 따라 더욱 더 향상될 것이라고 생각해도 좋을 것이다.

어쨌든 정보화 사회의 핵심은 전면적인 개별 대응이라는 것만은 틀림없다고 할 수 있을 것이다.

3) 대중 개개인의 개별 정보 수집을 기초로 한 정보통신 네트워크 그룹

정보화 사회가 대중 개개인의 다양한 요구를 전면적으로 개별 대응함으로써 운영된다고 하는 것은 이해되리라 생각하지만, 그를 위해서는 대중 개개인의 개인 정보를 수집한 정보 통신 네트워크가 반드시 필요하게 된다.

소비재 업계가 사양기에 들어선 현재, 손님과 개별적으로 밀착하면서, 많은 손님의 필요에 따르는 것이 가장 효율적인 장사법이라는 구체적인 실예가 자주 나타났으므로, 지금은 이것이 긍정되고 있는데, 정보화 사회도 개인적 밀착과 개별 대응은 결정적인 수단으로 될 듯하다. 이 동일한 결정적 수단을 이용하면 공업화 사회로부터 정보화 사회로의 이행도 이외로 원활하게 되리라고 생각된다.

그러나 현재까지 소비 생활을 위한 대중 개개인의 개인적인 정보를 조직적으로 수집하고 있는 곳은 아무 데도 없다. 좋은 것은 알고 있으나, 구체적 방법을 강구할 수가 없었다고 할 수 있으리라.

그러나 이것은 할 수 없는 일이 아니다. 소비자 금융업계나 경찰 등에서 대상자층의 정보를 수집하는 상황은 이미 높은 수준에 이르고 있고 컴퓨터와 엘렉트로닉스 기술의 발달로 개인 정보 수집을 위한 하드웨어적인 노하우는 이미 완전히 해결되었다.

한편 소프트면도 급속히 개발되고 있으므로 아마도 2~3년 뒤부터는 소비생활에 필요한 개인 정보의 수집이 대형 유통그룹 등에 의하여 조직적으로 이루어질 것이다.

내가 고문을 맡고 있는 거래처에서도 앞선 회사는 지금 여기에 전력 투구하고 있고 소프트면의 노하우 개발도 거의 완성 단계에 접근하고 있다. 또 이미 구체적으로 활동을 시작한 곳도 있다.

소비자나 일반 대중에게 있어서 자기가 소속된 정보 통신 네트워크에 자기의 개인 정보(취미·기호·컨디션·관심사 등)가 입력되어 있는 것은 자기 시간을 가장 효율적으로 활용하기 위한 최적의 정보를 제공받기 위한 조건이기도 하다.

이 경우, 문제가 되는 것은 프라이버시인데 여기에 대해서는 정보 수집측도 충분히 조심하고, 입력된 정보의 항목은 대부분 공표(公表)된다고 생각되므로 이 점은 인간의 슬기로운 지혜가 해결해 줄 것이다.

한편, 정보 통신 네트워크는 정보 센터와 계산 센터의 네트워크로 생각해도 되고, 개인 정보의 수집에 따라 소비자의 요구를 정확히 대응할 수 있으므로, 그리고 메이커나 소매업·서비스업 등 업무 수행의 가장 중요한 지침을 만들 수 있으므로 어느 점으로 보나 대중 개개인의 개별 정보 수집을 기초로 한 정보 통신 네트워크 그룹이 정보화 사회의 핵심이 되지 않을 수 없을 것이다.

그래서 나는 다음과 같이 생각하고 있다. 정보화 사회에서는 지혜와 노하우를 만들기 때문에 판매하는 사람이나 기업이 가장 시류에 따라 예컨데 고수익을 올릴 수 있게 된다고 생각한다. 그러나 이런 것에 종사할 수 있는 것은 대단히 재능이 뛰어나고 교육 훈련된 인적 집단을 가진 극소수의 사람들이나 기업군 뿐이고 대다수의 사람이나 기업은 지식과 정보, 그리고 여기에 수반된 서비스 중심의 업종으로 생활하게 될 것이다. 도매나 소매와 같이 물물 교류에 종사하는 것도 여기서는 일종의 서비스라고 생각된다.

지식·정보·서비스 등에 대해 생각해 보면 그 성격상, 제공측은 아마도 정보 통신 네트워크 그룹에 가입하지 않으면 경쟁자에 뒤지고, 직업과 관련되는 작은 범위의 서비스 제공업 이외는 수입과 연결되지 못할 것이라고 까지 생각되는 것이다.

정보 통신 네트워크 그룹도 대중 개개인의 요구를 전면적으로 개별 대응하는 것이 되면, 대중의 생활 범위가 전국적인 규모로 된다고 생각되므로 전국 네트로 확대되는 것이 바람직하지만, 어쨌든 많은 정보 통신 네트워크 그룹이 지방 단위로까지 가능한 것만은 틀림없다고 말할 수 있을 것 같다.

4) 하이테크·하이터치의 시대로

존 네이스비트의 저서인 《메가 트렌드》가 지금 미국과 일본에서 베스트셀레가 되고 있다. 내용은 별로 새로운 것이 아니고 상식적인 것 뿐이다. 그러나 앞으로 '하이테크 하이터치의 시대'가 된다고 말한 것은 참으로 지당하다.

하이테크란 하이테크로놀로지의 약자로 고도 기술화(技術化)

라고 하는 것이며, 하이터치란 하이 휴먼 터치의 약자로서 고도의 인간적 밀착이라고 생각하면 된다.

하이테크의 구체적인 예로서, 제1장에서 말한, 산리오의 메이커 입장으로 부터의 '소매 점포에서의 POS시스템과 이것과 연관된 주문 접수, 분류, 발송, 머천다이징 시스템'이나, 전전공사(電電公社)가 지금 대대적인 선전을 하며 권하고 있는 INS(고도 정보 통신 시스템)가 있다. 또 뉴미디어라고 하는 것도 하이테크의 한가지 산물이라고 생각하면 된다.

하이터치의 구체적인 예로서 이미 말해 온 스토어리스에 관한 것은 마루야마와다(丸八眞綿)나 샤를레, 노에비아 등의 가정 배달, 방문 배달 시스템이 있다. 백화점의 외판 시스템도 지금으로서는 하이터치형이다.

그런데 정보화 사회가 되면 네이스비트가 말했듯이, 하이테크만으로나 또 하이터치만으로도 최종 소비자라고 할 수 있는 인간을 주요 대상으로 하는 비즈니스에서는 채산이 맞지 않게 될 것 같다. 예외로서, 생업(生業) 수준의 하이터치형 비즈니스는 성립되리라고 생각되지만, 기업형으로서는 아무래도 하이테크나 하이터치의 두가지가 필요 조건이 될 것으로 생각된다.

왜냐하면, 아직 본격적인 정보화 시대에 이르지 않았더라도 예컨대 하이터치만의 무점포 판매 시스템은 어떤 수준까지 매상이나 손님 수도 급증하지만, 반드시 한계점이 와서 업적 유지가 어렵게 되는 것을 실적에서 알 수 있기 때문이다.

이것은 하이테크 시스템으로 정보 관리를 하지 않는 이상, 하이터치를 수반하는 하이테크의 조직적 대응은 시류와 더불어 급속히 불가능하게 되어감을 나타내고 있다.

따라서, 전술한 마루야마와다(丸八眞綿)나 샤를레에서도 지금 하이테크적 정보 관리에 전력 투구하기 시작했는데, 이것은 기업으로서 올바른 판단일 것이다. 그렇지 않으면 이들 기업도 현재의 규모까지 커진 이상 새삼스레 생업으로 되돌아 갈 수 없으므로 장래성은 기대할 수 없는 것이다.

그리고 제1장에서 뉴미디어는 앞으로 기대와는 달리 끝나게 될 것이라고 말했는데, 하이테크만으로 인간을 자유자재 움직일 수 없다고 생각하는 것이 옳다.

그 이유는, 인간에 본능과 정서와 이성이라고 하는 3가지의 다른 뇌가 동거하고, 그 사이의 밸런스를 잘 유지하고 살아가는 동물이기 때문이다. 여기에 대해서는 졸저 《포용성의 발상》(비즈니스사 간행)에서 상세하게 얘기했지만 이것들은 세계적인 뇌생리학자인 도끼미 도시히꼬(時實利彦) 전 동대(東大) 교수와 미국 국립정신위생연구소에서 여러가지 연구 성과를 올린 폴 매클린 박사의 견해이기도 하다. 매클린 박사는 다음과 같이 말하고 있다.

"인간은 곤경(困境)에 처해 있다. 그것은 한마디로 구조가 전혀 다름에도 불구하고 같이 기능하고 서로 연락하지 않으면 안되는 3개의 뇌를 자연이 인간에게 주었기 때문이다. 하나는 파충류형의 뇌이고 다른 하나는 하등 포유류형이며, 마지막 하나는 고등 포유류형인데, 이 마지막 뇌가 특히 인간을 인간적이게 하는 이성적인 뇌이다.

하나의 뇌 속에 있는 이들 3개의 뇌세포를 설명하면 파충류형의 뇌는 낡은 전승(傳承)과 옛 기억으로 가득 차 있고, 조상들이 하던 대로 행동하려고 한다. 조상들의 슈퍼에고에 신경증적으로 묶여 있는 뇌이다. 그것에 대해 하등 포유류형인 뇌는 직접 체험을 기초로 하여 여러가지 문제의 새로운 어프로치나 해결을 배울 수 있는 능력을 가지고 있고 정서적 행동에서 기본적 역할을 수행한다고 하는 점에서 조상의 슈퍼에고를 일부 해방시켰다.

그러나, 인간적인 뇌의 특질과 같은 이성적인 능력과 감정을 말로 나타내는 능력은 가지고 있지 않다" (후나이 유끼오 저 《포용성의 발상》 비즈니스사 간행, 173~174쪽)

어쨌든 이 본능과 정서라고 하는 근원적인 작용 속에, 동료와 집단이 있고 남들과 밀착하려고 하는 욕망이 있다. 아니 그보다도 집단의욕이 없으면 인간도 제대로 살아갈 수 없는 것 같다.

다음과 같은 유명한 실험이 있다. 이것은 각 대학의 심리학 교실에서 흔히 하는 것인데, 피실험자를 외톨박이로 만드는 실험이다.

아무것도 하지 않아도 된다. 그리고 잠자는 것과 먹는 것도 자유이고 일당도 충분히 준다. 한 주일 동안 계속할 수 있으면 특별상도 준다는 조건으로, 침대와 변기 밖에 없는 방에 피실험자를 들어가 있게 한다.

게으른 인간에게는 이것이 천국이다. 아무것도 안하고 누워 있기만 하면 되고 배가 고프면 먹을 것을 얼마든지 먹을 수 있기 때문이다.

그러나 처음 하루 이틀은 괜찮지만, 사흘째에는 초조해져서 중얼거리거나 노래·체조 등을 하지 않으면 견딜 수 없게 된다. 5일째 정도에서는 환각이 생기고 몸 상태가 이상해지며 한 주일을 견딜 수 있는 것은 보통 사람에서는 전무하다고 해도 좋은 것이다.

하이테크가 되면 될수록 그것은 이성적인 것을 요구당하므로 구조가 전혀 다른 본능이나 정서적인 뇌와의 균형도 잘 유지되어야 한다.

그렇다고 하면, 토플러의 주장과 같이, 혼자서 통신기기에 매달려 있는 자택 근무(?)라고 하는 것도 아마 인간성에 어긋날 것이므로 이것이 좀처럼 궤도에 오르기 힘들 것인데, 하이테크만이 기본적으로는 인간을 제대로 움직일 수 없다고 해도 좋은 것 같다.

따라서, 정보화 사회의 핵심은 하이테크, 하이터치의 두가지 조건을 모두 완비하는 것이라고 할 수 있다.

이것은 존 네이스비트의 견해를 빌릴 것도 없이, 이미 식자들의 상식이 되어 있고 나의 회사=일본 마케팅센터에서도 이미 5년쯤 전부터 프로젝트 팀을 발족시켜 시스템 만들기에 나서고 있는데, 내가 고문을 맡고 있는 회사들은 이 두가지를 완벽하게 가동시키는 시스템이 개발되어 실효를 거두고 있는 곳이 많이 있다.

여기서 좀 더 설명하겠다.

정보화 사회와 공업화 사회라고 하는 것은, 물리학에서 말하는 위상(位相)적인 차이가 있는 사회이다. 위상차에 대해서는 다음과 같이 이해해 주기 바란다.

위상(位相)이라고 하는 것은 주기(周期) 운동의 어느 순간에서의 운동 상태를 가리키며 2개의 주기 운동이 위상 밖의 상태에 있을 때, 당연히 2개 운동의 최대값이 되는 순간은 서로 다르다. 이 차이를 가리켜 위상차(位相差)라고 하는 것이다.

알기 쉽게 말해서 위상차를 만들어라 하는 것은, 이 차이가 언제나 있는 것같은 것을 만들라고 하는 뜻인데, 다른 것과 차별화 될 수 있는 것이라고 생각하면 된다.

다만, 경제 용어로 '위상차 수법'이라는 것은 다른 것보다 각별히 앞선 것의 뜻인데 무엇보다 완전히 안전된 것이라고 이해해 주기 바란다.

공업화 사회는 물건이 중심이었으므로, 물건과 관계없는 의사 결정이나 시스템을 즉흥적으로 실행하고, 만일 실패한다면 변경하더라도 별로 큰 손해는 없었다. 오히려 조령모개(朝令暮改)

가 좋았던 경우조차 있다.

그러나 정보화 사회란, 공업화 사회와는 분명히 위상차가 있는 사회이고 정보나 시스템이 주된 사회이다. 여기서는 물건과 관계가 없다고 해서 일단 의사 결정한 것이나 움직이기 시작한 시스템을 곧 변경할 수 있는 사회가 아니다.

물론 그런만큼 앞으로는 조직이나 시스템이 애매성과 유연성을 필요로 하게 되는데, 현재 유통업계의 득의양양(得意揚揚)한 생각과 행동, 예컨데 캐싱 서비스로에 대한 철저한 준비없이 시작한 새로운 역할이 실패하듯이, 앞으로는 기업 업적 자체에 크나큰 상처를 남길 것이다. 하이테크, 하이터치와 더불어 충분히 명심해 둬야 할 일이다.

물론 이미 말한 바와 같이, 생업이나 가업 단계의 비즈니스들은 하이터치만으로 충분히 해 나갈 수 있다. 다만 그 경우, 큰 신장은 기대할 수 없고 자제(子弟)들이 계승하려고 하지 않는 비즈니스가 될 가능성이 큰 것이다.

5) 1 · 2 · 3차 산업에서는 낭비가 제거되고 그와 동시에 이익을 기대할 수 없는 산업이 될 것이다

현재는 제3차 산업의 시대이다. 그러나 서기 2000년에는 제4차 산업의 시대가 될 것이다…… 이렇게 말하면 의문을 제기할 사람도 상당히 있을 것이라고 생각한다.

산업 구조를 제1차 · 제2차 · 제3차로 분류한 사람은 뉴질랜드의 경제학자 A.G.B 피셔이지만, 그것을 명확하게 역사적으로 실증한 사람은 영국 태생의 유명한 경제학자 콜린 G. 클라크이다. 클라크에 의하면, 제1차 산업은 자연 채집(採集)을 주업으로 하는 산업이고 제2차 산업은 자연물을 가공하는 산업이다. 그리고 제3차 산업은 서비스와 기타를 업으로 하는 산업인 것이다.

그가 이 분류를 생각한 것은 1940년의 일인데, ① 경제 정체 (停滯)의 원인과 ② 경제의 후진성 이유를 제1차 산업과 제2차 산업을 관련시켜 분석했던 것이다.

그 결론은 산업 구조의 선진화, 즉 고도화가 선진국으로서 길이며, 그것은 제1차 산업의 무게를 감소시키고 제2차 산업의 무게를 높인다고 하는 것이었다.

이 분석과 결론은 참으로 옳았다. 세계의 선진 여러 나라와 일본도 이 결론대로 선진화, 고도화의 길을 걸어왔던 것이다.

그런데, 제2차 세계대전 후, 세계가 급속하게 선진화·고도화 했으나, 그와 더불어 제3차 산업의 무게가 높아지기 시작했고 제2차 산업의 무게가 감소되기 시작한 것이다. 선진국들에서 제3차 산업 취업자 비율은 각국마다 50%를 넘기 시작했고 부가 가치액도 제2차 산업을 웃돌기 시작했다.

현재를 공업화 사회라고는 하지만, 바야흐로 제3차 산업의 시대인 것이다. 그것은 알기 쉬운 말로 바꾸면, 상업의 시대라고 해도 좋다.

그런데 최근에 와서 사정이 좀 바뀌었다. 그것이 이미 말해온 서비스 부문의 비중 향상이다.

콜린. G. 클라크식으로 확대 해석하여, 물건을 유통시키는 유통업이나 물품 교류업만을 이를테면 제3차 산업이라고 정의하고, 지식·정보·노하우 등을 중심으로 하는 산업이 머리만을 사용한다는 점에서 제4차 산업이라고 정의한다고 할 때, 서비스·금융·보험·통신 혹은 공무(公務) 등 이제까지 제3차 산업에 분류되어 포괄되어 있던 산업군은 물건과 관련되면서도 머리를 사용한다는 점에서 제4차 산업적인 특성도 가지고 있지만, 제3차·제5차 산업이라고도 할 수 있을 것이다.

한편 공업화 사회적 발상에서 사물을 파악하면, 현재는 제3차 기술 혁신으로 들어간 것이라고 할 수 있다. 알기 쉽게 말하면, 근대에 와서 부터 제1차 기술혁신은 손으로 물건을 만들고 있던 것을 기계로 만들게 된 획기적인 전환이었다. 그것이 소품종 대량 생산으로 단번에 바뀌었다.

1960년경부터 시작해서 1973년의 오일 쇼크까지 그것은 계속되었다. 그것은 생산 시스템의 자동화, 대량화, 연속화 등에 의해 획일화, 규격화, 품질의 균일화 등을 가져 왔는데, 이것이 제2차 기술 혁신이다.

그런데, 오일 쇼크와 획일적, 규격적인 물질적인 소비에 대한 소비자의 저항에 따라, 1970년대 중반이 되어서 부터 제3차 기술 혁신이 일어나기 시작했다. 그 특색은 에너지 절약이라는 한가지 목표와 엘렉트로닉스 혁명을 주축으로 한 '소형화, 고성능화, 코스트 다운화' 등을 행하는 것이었는데, 이것은 물건(자원)을 너무 소비하지 않고 물건(소비재)을 가급적 대량으로 생산하지 않으므로 이제까지의 공업화 사회의 기본적인 경제 구조 즉 물질적인 '모어 앤드 모어'의 추구와 물건의 소비·가공·제조와 유통을 통한 대부분의 경제 행위를 성립시키기 어렵게 하고 있다. 말하자면 물질적 유통 중심 시대에 위기를 주고 있다고 말할 수도 있는 것이다.

이제까지 말해 온 것을 정리하면 다음과 같이 설명된다.

① 내가 설명한 것과 같은 생각은 정보화 사회의 도래를 예측하고, 제3차 산업을 제3차·제3.5차·제4차 산업으로 분류하는 것이며, 이같은 시도(試圖)를 콜린. G. 클라크도 인정해 줄 것이다. 분류 방법도 인간성의 향상과 물질적인데서 정신적인 만족으로의 이행이라는 관점이므로 나름대로 인정해 줄 것이다.

② 이와 같은 파악에 의해 경제의 수준과 경제의 정체와 발전

을 해명할 수가 있다. 현재의 경제 선진국일수록 제3차 산업의 비중이 높고 멀지 않아 제4차 산업의 비중이 높을수록 선진국이라고 할 수 있게 될 것이다. 또 발전의 방향도 고도 산업의 비중을 높이는 경향이 될 것으로 이해할 수 있다.

③ 시계열적(時系列的)으로 볼 때, 이를테면 제3차 산업이 전성기인 경우, 제1차·제2차 산업에서는 인간적 합리화가 이루어진다. 그와 동시에, 성숙한 산업은 이른바 제3차 산업을 위해 물질적 효율화도 이루어진다. 그리고 제3차 산업으로 제1차·제2차 산업에서 밀려 나온 사람이 유입된다. 또 제1차·제2차 산업의 각 기업은 별로 신장하지 않고 이익도 오르지 않게 된다.

다소 무리한 점은 있으나, 대체로 이상과 같이 파악되고 규격화 될 것 같다. 이러한 논리에서 보면, 정보화 사회는 제4차 산업의 전성(全盛)시대라고 할 수 있고, 제3차 산업 그 자체라고 할 수 있는 유통업은 돈을 벌 수 없는 시대가 되고, 당연히 거기서는 인간적 합리화, 즉 인간적인 낭비가 삭제되게 될 것이다.

또, 정보화 사회라고 하는 제4차 산업을 성립시키기 위해 물질적인 효율화가 이루어질 것으로 생각되므로 예약제(豫約制), 계획제도 등의 도입과 더불어 소비재 생산, 물건의 흐름, 유통 등에서 물적 낭비도 급속히 제거된다고 말해도 좋으리라고 생각한다.

어쨌든 이미 제1차·제2차 산업에서는 인간적 낭비가 제거되고 물질적으로도 효율화 되고 있는 것과 같이, 20년 뒤에는 제1차·제2차·제3차 산업에서 인간적, 물질적 낭비가 모두 제거되어 유통업 사업은 그만큼 돈을 벌 수 없게 될 것이다.

6) 새로운 시대는 정신의 시대, 머리의 시대

　마지막으로, 공업화 사회를 물건과 자본(돈)의 시대라고 한다면 정보화 사회는 정신과 머리의 시대라고 하고 싶다.

　분명히 말해, 지금 산업혁명 이래 공업화 사회를 리드해 온 '가치'가 파탄되어 가고 있는 것을 부정할 사람은 없을 것이다. 경제 문제만을 두고 보더라도, 선진 여러 나라는 실업의 증가와 재정 적자에 시달리고 있다. 지금 인플레이션은 가까스로 가라앉은 듯이 보이지만 기초 구조가 개선되지 않았으므로 언제 재연될지 모른다.

　사회주의 국가에서는 노동 의욕의 저하와 겹쳐서 식량 문제와 소비재 부족이 만성화 되고 국가 파산적인 나라도 나오기 시작했다. 개발도상국은 더욱 야단이다. 국제적 불균형은 확대되고 그것이 도상국을 주름지게 하여, 이들 많은 나라에서는 무역 적자를 비롯하여 선진국도 원조를 주저하고 있기 때문에 빈곤과 혼란이 확대되고 있다.

　이 경제적 곤란이 세계 사람들의 사회생활이나 정신적인 문제에까지 심각한 그늘을 드리웠다.

　일본에서도 말세 사상이 무성하고 사람들 가운데는 현실적으로 보람없는 날을 보낼 뿐만 아니라 세상을 더욱 혼란하게 하려는 움직임조차 보이기 시작했다. 이것은, 18세기 영국에서 비롯된 공업화 사회라고 하는 현재의 사회 구조가 벽에 부딪히고 그 기반을 이룬 가치관이 파탄되어 가고 있는 것을 가리킨다.

　말하자면 공업화 사회의 가치 기반은 물질과 자본(돈)이었다. 모든 기술이나 구조는 물질적 생산량의 확대를 으뜸으로 하여 짜여지고 그것에 성공한 사람이 부·자본·돈을 손에 넣고 보다 사치스런 생활을 할 수 있었던 것이다. 그러나 이같은 가치관이나 구조에서는 앞으로의 인류가 행복하게 살아갈 수 없다.

　이것을 타개하는 방법은 물질보다도 정신적인 만족에 눈뜨고 자본이나 돈을 쓰기보다는 머리를 써서 잘 살아가는 것이다. 그것이 인간의 특성이기도 하고 현명함이기도 할 것이다. 인간은 세상을 좋은 쪽으로 끌고 능력도 가지고 있고 실행할 수가 있다. 아니 그보다도 끌고 가지 않으면 안된다. 그리고 그 결과 우리가 희망과 더불어 발견한 것이 정보화 시대의 도래라고 생각된다.

거시적(매크로)으로 현재의 사회 움직임을 보면 이미 '정신과 두뇌'가 만드는 '지혜의 시대' '문화의 시대' '이해의 시대' '친절의 시대' 등의 징조를 여러 곳에서 느낄 수 있다.

소비재에서도 비싸게 팔리는 상품일수록 '지혜의 가치'가 많이 포함되어 있고 문화라고 하는 상징적인 것이 많이 함유되어 있다. 또 물건을 사러 가는 장소나 식사의 장소 등에서도 거기서는 무엇보다도 파는 쪽의 친절이라고 하는 마음이 크나 큰 무기가 되기에 이르렀다. 싼 것보다도 맛있는 것보다도 손님을 고정화시키기 위해서는 친절 쪽에 비중이 더해 가고 있고 실제로 그러는 곳이 장사가 잘 되고 있다. 그 이유는 한번 불친절하다고 손님이 생각하면, 우선 어떤 장사도 당장에 손님의 발길이 멀어지고 있다. '싸고 맛있는 것에 자신이 있더라도, 문화가 있고 이미지가 높더라도 절대로 불친절만은 안된다'고 하는 것이 지금 소매점이나 음식점에서의 가장 중요한 현장 방침인 것이다.

그리고 현재는 납득, 이해의 시대이다. 손님을 납득시킬 수 없는 행위, 예컨데 유통업계의 화제로 말하면, 미쓰고시(三越)의 오까다시게루(岡田茂) 전 사장을 둘러싼 문제 등은 그 때문에 미쓰꼬시의 업적을 저하시키고 있다고 생각된다.

《16대 0》에 대중은 납득하지 않는 것이다. 이처럼 정신과 머리가 공동 작업을 하면 납득되지 못하는 것에는 반발을 느끼고 플러스의 행동이 아니라 마이너스의 결과를 불러 일으킨다고도 할 수 있다.

이처럼 생각해 보면 정보화 사회, 새로운 시대는 분명히 말해서 정신의 시대, 머리의 시대이고, 지혜와 문화와 납득 그리고 친절 등이 꽃피는 시대가 될 것이다.

새로운 시대가 온다. 더구나 앞으로 10~20년은 정보에 대해서는 성장기이다.

앞으로 정신과 머리를 잘 쓰면, 전의 소비재, 성장기(1955~75년)에 제3차 산업화의 물결을 타고 '다이에'나 '이토요카토(堂)'가 유통을 제대로 컨트롤하여 급성장 기업이 되었듯이, 제4차 산업화의 물결을 타면 지금은 전연 무일푼일지라도 급성장 기업을 만들 가능성은 충분히 있을 것 같다.

어쨌든 앞으로는, ① 할 마음이 있는 사람 ② 공부하는 사람 ③ 정신과 머리를 잘 이용하는 사람 ④ 시류(時流)를 충분히 자각하고 올바르게 행동하는 사람 등에 있어서는 참으로 즐거운 시간을 가질 수 있는 시대이다.

더구나 유통업에 종사하는 사람들은 그 최단거리에 있는 것도 틀림없는 듯하다.

3. 바뀌지 않을 수 없는 유통업계

1) 공업화 사회에서 정보화 사회로의 원활한 이행에는 물질적인 소비량을 증가시키는 새로운 구조가 필요하다

현대 사회는 경제 운영이 원활하지 못하면 파탄을 가져 오게 된다.

일본과 같은 고도 성장을 계속해 온 나라는 앞으로 저성장이

〈표6〉 가계(家計) 소비재의 변화
〈물건과 서비스의 지출 비율 변화〉

	물건(상품)	서비스
1970년	73.0 %	27.0 %
1975년	71.7 %	28.3 %
1980년	67.3 %	32.7 %
1982년	66.4 % (139,428엔)	33.6 % (70,616엔)

※ ( )는 1982년의 1개월 평균 지출액임.

여기에 표시된 %는 소비지출 중에서, 소비자가 어디에 지불했는지가 불확실한 잡비, 회사금, 학비보조금 같은 것을 빼고 물건(상품)과 서비스로 나누어 계산하였다.

되어도 향후 10년 정도는 적어도 해마다 실질 3 % 정도의 경제 성장률을 유지하지 않으면 경제가 원활하게 운영되지 않을 것이라고 생각되고 있다. 그리고 일본의 경우, 이 실질 경제 성장은 개인 소비의 신장으로 확보하지 않으면 안 된다고 하는 것이 지금으로서는 하나의 상식이다.

그런데, 이제까지 말해 왔듯이, 소비재의 매상 신장이 멈추고 있다. 아니 그보다도 사양기에 들어가 오히려 감소되는 기미마저 있다.

개인 소비 가운데서 차지하는 물질적 지출의 비율은 표 6에서 볼 수 있는 바와 같이, 감소 경향에 있다고는 하나, 아직 과반수를 넘는 큰 비중을 차지하고 있다.

그러므로, 물질적 개인 소비 신장이 멈추어 있고 앞으로 신장할 것 같지 않다고 하는 것은 경제 운영에 지장을 가져올지도 모른다고 하는 것이다.

지금 라이프 사이클적으로 보면, 소비재 산업의 사양기 돌입과 엇갈린 듯이, 제3.5차 산업이라고 하는 서비스 산업, 혹은 4차 산업이라고 하는 정보 산업이 성장기로 들어가려 하고 있는 듯이 보인다. 그렇다고는 하지만, 개인 소비 가운데서 이들 새로운 산업이 큰 비중을 차지하고 소비를 주도해 가는 것은 아무래도 10년 정도 앞으로의 일인 것이다. 이들 산업이 말로는 화려하지만 좀처럼 양적으로 연결되지 않고, 소비액이라고 하는 점에서는 급속하게 증가되지 않는 것이 특질이다.

그리하여 앞으로 10년 동안, 이른바 서비스 산업이나 정보 산업이 중심이 되어 경제를 이끌어 갈 때까지는 아무래도 또 한번 물질적인 개인 소비 수요를 환기시키지 않으면 일본 경제는 공업화 사회에서 정보화 사회로의 원활한 이행에 실패하고, 차질이 생기게 될 가능성이 많다고 생각된다. 그렇다면 어떻게 손을 쓸 것인가?

그 답을 찾기 위해 여기서 또 한번 라이프 사이클적 발상을 하려고 한다. 우선 다음의 표 7을 보기 바란다.

이 표의 주(註)에서 설명한 바와 같이, 현상에 대해 아무런 대책도 세우지 않고 방치해 두면 '표 7'의 실적과 같이 경과되고 일본 경제는 어렵게 되리라고 생각된다. 그래서 점선과 같이 소비재의 수요가 아무래도 곧 증가될 수 있는 방법을 강구하지 않으면 안되는 것이다.

지금 새로운 상품의 출현이 거의 불가능해지고 물적으로 '배부른 시대'라고 생각해도 좋으므로, 물질적인 소비 수요를 신장시키는 방법은 현재의 어떤 상품을 보다 고객 지향적인 특별한 방법으로 팔고, 현재의 판매조직과 제휴하여 총소비량을 증가시키는 이외에는 없다고 생각된다. 여기까지는 누구나 간단히 알 수 있다.

그렇다고는 하지만, 시간이 없고 낭비의 축적은 문화적, 심리적인 것 이외는 받아들일 수 없는 시대가 되어 가고 있어 새롭게 물건을 파는 그 방법이 고객 지향이라고 하는 것만이 아니라 시류에 적절하고 더구나 장래의 정보화 시대에 도움이 되는 것이 아니면 안된다는 것은 말할 나위도 없다.

이러한 생각을 가지고 라이프 사이클적으로 보면, 물건과 정보가 각각의 시기에서 어떠한 마케팅을 하는 것이 최선인가를 찾아볼 때 올바른 해답이 가장 빨리 나온다고 생각된다.

여기서 또 한번 표 7을 보기 바란다. 이를테면 소비재는 지금 사양기로 들어섰다. 거기서는 엘리트 마케팅·퍼스널 마케팅·체널 마케팅·최고 마케팅 등이 살아남기 위해 필요하고 앞으로 10년 후 안정기가 되면 진짜 마케팅이 필요하게 된다.

한편 정보 서비스에 대해서는 이제부터 마침내 성장기에 들어가려 하고 있다.

아마도 거기서는 메이커 마케팅, 퍼스널 마케팅, 체널 마케팅, 네트워크 마케팅, 입문(入門) 및 찌꺼기 마케팅 등이 필요하게 될 것이다. 여기까지는 조금만 공부를 하면 누구나 알 수 있다. 그래서 그것을 정리하면, 소비재의 사양기와 정보나 서비스의 성장기에는 완벽하게 공통점이 있고, 세상에는 끊임없는 변화가 있으나 혁명이라든가 단절 등은 있을 수 없다는 것을 알 수 있다.

어쨌든, 이 만큼 공통점이 있고 인간에게는 슬기로운 지혜가 있다. 많은 사람들의 지혜를 결집시키면, 소비재의 성숙기에 필요했던 물질적 낭비 만들기의 제도화에 의한 수요 창조보다도 인간성에 맞고 시류에 맞는 방법이 당연히 강구될 수 있다고 생각된다.

사실 이 표 7과 같은 그림을 만드는 것은 나와 같은 사람도

146

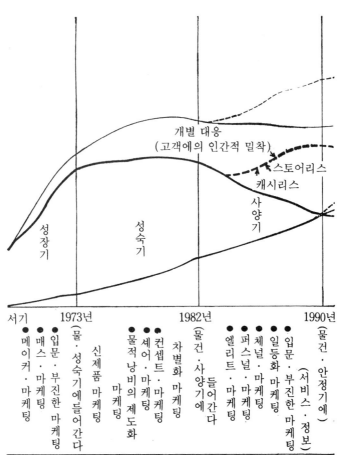

개별 대응
(고객에의 인간적 밀착)

스토어리스
캐시리스

사양기

성장기

성숙기

| 서기 | 1973년 | | 1982년 | | 1990년 |

● 메이커 · 마케팅
● 매스 · 마케팅
● 입문 · 부진한 마케팅
(물 · 성숙기에 들어간다
신제품 마케팅
물적 낭비의 제도화
● 셰어 · 마케팅
● 컨셉트 · 마케팅
차별화 마케팅
(물건 · 사양기에 들어간다
● 엘리트 · 마케팅
● 퍼스널 · 마케팅
● 체널 · 마케팅
● 일등화 마케팅
● 입문 · 부진한 마케팅
(서비스 · 정보)
(물건 · 안정기에)

① 실선은 현재 상태대로의 액수
② 점선은 새로운 구조에 의해 경제를 활성화 했을 때의 액수
③ 마케팅에 있어서는 그 시점에서의 최고 마케팅 수법을 기록했다.

새로운 자극 효과

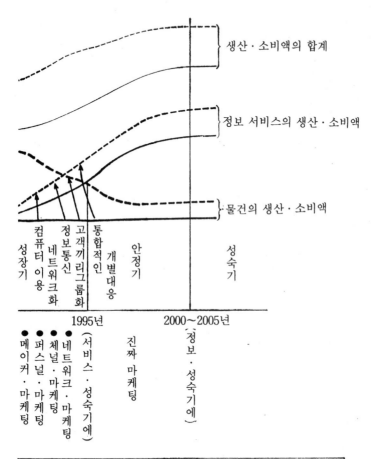

생산·소비액의 합계

정보 서비스의 생산·소비액

물건의 생산·소비액

컴퓨터 이용 정보통신 네트워크화 고객끼리그룹화 통합적인 개별대응 안정기 성숙기

성장기

1995년　2000~2005년

●메이커·마케팅 ●퍼스널·마케팅 ●채널·마케팅 ●네트워크·마케팅 （서비스·성숙기에） 진짜 마케팅 （정보·성숙기에）

④ 스토어리스, 캐시리스, 개별대응 등으로 물적 소비가 증가되면, 여기에 따라 정보 서비스에 있어서도 컴퓨터 이용, 정보통신 네트워크화, 생산과 소비액이 증가될 것으로 생각된다.

〈표 8〉 1970년에 나의 참모진들에게 제안한 지시

(제안) 물질적인 소비는 랍보상태가 될 것이다. 그러나 일본경제를 위해서는 소비를 증가시키는 구상을 해야 된다. 이것은 인간성에 알맞는 것이다. 무엇보다도 소비자가 즐거워 하는 것이어야 한다. 그러기 위해서는 다음과 같은 계획의 유통기업체, 또는 유통기업 그룹을 구상하는 것이 바람직한다.

(1) 최종 도달계(到達系)를 생각하자. 예를들면 최고로 접근하거나 잡아끄는 방법 밖에 없다.

(2) 현상(現狀)과 비교하여 다음과 같은 위상차(位相差) 노하우가 바람직하다.
  ① 고객에 대해 주도권을 잡을 수 있을 것.
  ② 대중 개개인에 대하여 개별대응이 가능할 것.
  ③ 고객별로 단일 상품의 관리가 기본이 될 것.
  ④ 완전히 선견지명이 있는 메릿을 취할 수 있을 것.

(3) 시대적 흐름에 알맞는 것이 바람직하다.
  ① 하이 이미지가 있을 것
  ② 진짜 지향적일 것
  ③ 공업화 사회의 사양기
     정보화 사회의 성장기 에 맞출 것
  ④ 핵심은 스킨 십(Skin ship)과 컴퓨터, 엘렉트로닉스 기술의 응용이다.
  [주] 여기에 기록한 것은 1980년 당시 내가 지시한 내용의 중요 부분이다. 실제적인 지시는 더욱 세밀하다. 그리고 그 뒤에도 여러 가지를 첨가했다.

몇 해 전에 가능했다. 그리고 이것에 확신을 가진 나는 지금으로 부터 3년 전에, 나의 스탭에 대강 다음과 같이 지시를 할 수 있었 다(〈표 8〉 참조).

물론 지금은 이 지시에 대한 해답이 나왔고 내가 고문을 맡고 있는 어떤 회사에서는 이 해답에 따라 이미 실험상으로 성공하 고, 구체적으로 기업화에 나서고 있기도 하다. 틀림없이 인간의 지혜는 우수하고 세상은 급속도로 개발되고 있다.

2) 움직이기 시작한 대형 소매업

그런데 나와 같은 발상을 한 사람이 유통업계에는 역시 많이 있다. 특히 대형 소매업에 많다. 그 이유로는 경영환경의 악화를 들 수 있다. 예컨대 지금 대형 백화점은 외판 비율이 급증하고 외판에 힘을 기울이지 않으면 이제까지의 매상을 유지할 수 없게 된다. 그러나 현상태의 노하우로는 외판 비율의 증가가 이익을 내리는 것이 된다. 적자를 감수하게 될지도 모르는 일이다.

또, 매장 면적으로 지역에서 1등점 이외의 가게는 현재의 백화점 노하우로서 분명히 말하지만 그 장래성이 거의 없다. 그러기 때문에 '소고오'나 '시니부'처럼 의식적으로 지역 1등점을 만들어 온 곳은 모르지만, 이전의 왕자 미쓰고시(三越)도 일본교(日本橋)의 분점과 다까마쓰(高松)지점 이외는 1등점이 없으므로 곤란할 것이고 장사의 결정적인 수단이라고 하는 상품력을 자랑하는 이세당(伊勢丹)을 보더라도 신쭈쿠(新宿) 본점과 우라오(浦和) 지점, 그리고 이번에 생기는 니가다(新潟) 지점은 1등점이므로 이익점이 되겠지만, 요조지(吉祥寺)·다찌가와(立川)·마쓰도(松戸) 등 각 지점, 후지고 이세당(藤五伊勢丹), 다나카야 이세당(田中屋伊勢丹), 이와다야 이세당(岩田伊勢丹) 등은 2등점 이하이므로 앞으로 고전을 면치 못할 것이라고 말할 수 있다.

이러한 것들이 분명해진 최근 2~3년 전부터 각 백화점은 살아남기 위해 새로운 전략을 진지하게 생각하기 시작한 것이다. 그리고 그 가운데 1~2개의 백화점에서는 역시 나와 같은 결론으로 되어가는 듯하다.

한편 대형 양판점은 백화점보다 아직 진지하다. 그 이유는

〈표9〉 대형 양판점(겨울 동안)

1983년 2월 동안의 업적에서 산출함		
	기존 점포의 매상 신장율(%)	매상이 감소한 점포 (감소점포 / 전 점포)	탈락한 점포, 감소한 점포 비율(%)
다 이 에	△ 3.0	115 / 118	73
이토요카도	0.0	55 / 102	54
니시도모스토아	2.5	43 / 161	27
쟈 스 코	1.0	52 / 146	36
니 치 이	0.2	100 / 161	62
유 니	0.6	48 / 102	47
나가사끼야	△ 5.0	78 / 106	74
유 니 드	△ 2.0	35 / 50	70
고도부끼야	7.5	32 / 123	26
이즈미아	△ 1.1	29 / 54	54
마메야(忠實屋)	△ 3.0	45 / 62	73
토오큐 스토아	1.0	18 / 75	24

주 : 이 기간중 상승률은 약 25 %로 추정된다.

'겨울의 시대'라고 불릴 만큼 업적이 바람직하지 않기 때문인데, 예컨데 1982년도 대형 양판점의 업적은 그야말로 참담한 것이었다. 그것을 나타내는 가장 현저한 지표(指標)는 기존 가게의 매상 신장률의 보합 상태와 떨어진 가게 비율(전년보다도 매상이 줄어든 가게의 전 점포 수에서 차지하는 비율)의 증가이다(표 9 참조).

어째서 이 표 9와 같은 참담한 결과가 되었을까.

역시 제일 큰 이유는 소비자가 '물건'을 사지 않게 되었기 때문인데, 그렇더라도 업적이 너무나도 나쁘다. 이에 대해서 나의 회사＝일본 마케팅센터에서는 다음과 같이 설명하고 있다.

다음 표 10의 1 · 2 · 3은 나의 회사 사원 교육용, 즉 경영컨설턴트의 교육용 텍스트의 1983년도 판에서 그대로 전재했다. 요령

있게 정리되어 있으므로 이것만을 보면 아마 독자는 이해하실 수 있으리라고 생각한다.

지금 대부분의 양판점이 업적 부진으로 고민하고 있는 이유와 그 해결책에 대한 나 개인의 견해는 이 텍스트보다 좀 더 상세하게 이 책 제3장에서 알기 쉽게 언급되고 있다. 따라서 여기서는 우리들의 사원 교육용 텍스트에서 전재한 것을 볼 때, 우선 거시적으로 파악하기 바란다. 어쨌든 대량판매점은 그 체질상으로 매상을 신장시키지 않으면 안 된다. 아직 재무적으로 안정되어 있지 않고 종업원의 대부분은 젊으며 대량 채용을 하고 있다. 더구나 경영자의 태반이 창업자 오너이다. 이런 조건들에서 볼 때, 매상을 계속 신장시키지 않으면 안된다고 하는 것보다, 꼭 규모를 확대하고, 얼마 동안은 매상을 계속 신장시킬 것이라고 생각된다.

그렇다고는 하지만, 양판점이라고 하는 업태에서는 이제 매상은 신장되지 않는다. 그뿐만 아니라 반대로 떨어질 가능성이 강하다. 어떻게 해야 하는가? 하고 각 회사마다 최근 2~3년 필사적으로 노력해 왔는데, 그 결과 역시 나와 같은 결론에 도달한 회사가 2~3개사 있는 듯하다.

대형 백화점과 양판점에서 4~5개사가 나와 같은 결론에 도달했다. 그것은 스토어리스, 캐시리스 판매로의 본격적이고 조직적인 참여라고 할 수 있는 것인데 소매업계라고 하는 것은 1개사가 시도해서 그 결과가 좋으면 곧 다른 곳에도 그 행동이 파급하는 업계이다. 때마침 뉴미디어가 화제가 되고 홈 뱅킹과 더불어 홈 쇼핑 얘기가 매일 매스 커뮤니케이션에서 크게 다루어져 왔다.

그것들이 제1장의 서두에 쓴 '스토어리스 세미나'의 대번창과도 연결되는 것인데, 바야흐로 대형 소매업뿐만 아니라 중견

〈표 10-1〉 양판점(겨울동안)

〈소비 · 구매 행동의 변화(원인 1)〉

● 공동 환상(共同幻想)으로서 발전하는 현대의 라이프 스타일
  항상 환상으로서의 라이프 스타일은 에스컬레이트 된다-소
  비자는 이것을 필사적으로 추구하는데 유통업도 여기에 필사
  적으로 매달리지 않으면 안된다……

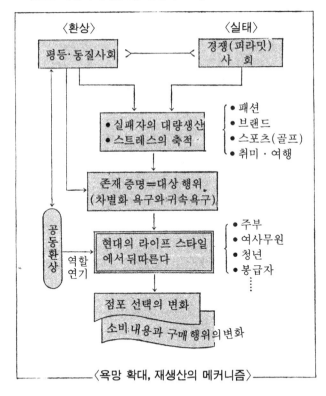

〈표 10-2〉 양판점(겨울 동안)

소비와 구매 행동의 변화(원인1)

점포 공간이 주는 이미지와 소비자의 평가

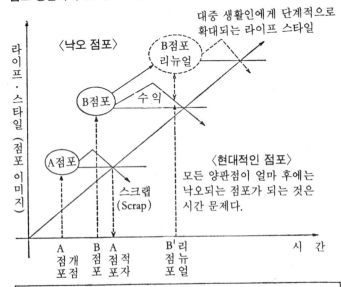

〈성공의 조건〉
점포 공간이 주는 이미지≧현재의 대중 생활인(또는 타켓)이 요망하는
라이프 스타일 레벨

〈제약 조건〉
① 항상 이미지를 상승하기 위해 연구함과 동시에 3~5년 마다 대폭적
   인 리프레시(refresh)(리뉴얼)의 투자가 필요하다.
② 크게 팽창하는 기존 점포의 수
③ 리뉴얼(nenewal)의 성공 확률이 낮은 입지와 선별적인 리프레시
   규모 조건과 고정화 된 이미지
④ 결과적으로 대다수의 기존점은 낙오 점포가 된다.

〈표 10-3〉 양판점(겨울 동안)

개점(업태) 전략의 전개에 의한 경쟁 구조의 다중적심화[원인 2]

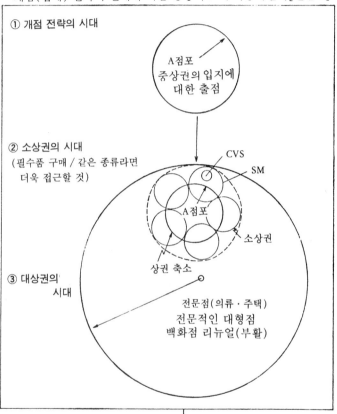

① 개점 전략의 시대

A점포
중상권의 입지에
대한 출점

② 소상권의 시대
(필수품 구매 / 같은 종류라면
더욱 접근할 것)

CVS

SM

A점포

소상권

상권 축소

③ 대상권의
시대

전문점(의류 · 주택)
전문적인 대형점
백화점 리뉴얼(부활)

④ 구조 변혁의 시대
상권간 · 업태간, 복합적인 경합의 격화와 소비구조 · 니즈[필요성
: 라이프 스타일]의 변화에 의한 매력 정도의 저하ㅡ계속적인 리프
레시(업태 혁신)와 스크랩 또는 업태개발과 전환이 필요

소매업, 혹은 도매상이나 메이커를 포함한 소비재업계나 유통업계 전체가 스토어리스 시스템을 비롯한 새로운 판매 조직 구성에 진출했던 것이다.

특히, 그 가운데서도 대형 소매업 각사의 대처 방법은 그 성과에 기업의 장래가 걸려 있는 만큼, 여기에 현재의 업적이 만족스럽지 못한 만큼 매우 조급하고 또 진지하다.

나는 그러한 것들이 사양기에 들어선 소비재 업계를 다시 한번 성공적으로 '활성화'시켜 수요를 늘리고 공업화 사회에서 정보화 사회로의 이행을 원활하게 할 것으로 기대하고 있는데, 훌륭하게 기능해 주기를 기대하고 있다.

3) 핵심이 되는 스토어리스, 캐시리스는 개별 대응의 믹스 시스템

나와 내 스탭들이 연구한 뒤에 도달하고, 또 대형 백화점이나, 양판점의 최고 경영자나 스탭이 생각한 요술 방망이는 '스토어리스 판매'라고 하는 조직이었다. 그것은 굉장한 것이다. 우선 다음의 표 11을 보기 바란다.

이 도표도 나의 회사=일본 마케팅센터의 사원 교육용 텍스트에서 전재한 것인데, 이것은 표 10의 '소비자 니즈(요구)의 변화'와 '경쟁 구조의 변화'를 통합하여 해답을 만든 것이라고 생각해도 좋다.

또 다음이 표 12, 표 13, 표 14, 표 15는 나의 회사 스토어리스 담당 컨설턴트가 앞으로의 '스토어리스 전개와 컨설팅을 위하여'라고 하는 제목으로 나에게 제출한 보고서 가운데 일부를 전재한 것이다. 이것을 검토하면 세상의 움직임과 나아가야 할 방향을 참으로 잘 알 수 있다. 감히 원문을 전재하여 독자의 참고에 이바지하고자 했다.

나는 이 보고서를 보고, 1980년에 나의 스탭에게 지시한 사항이 거의 충족되어 있는 것을 알게 되었고, 사내에 전시(展示)시켰다. 그러나 그 이면에는 나의 체험이나 육감으로, 스토어리스 판매는 '요술 방망이'가 된다고 하는 확고한 자신감을 가질 수 있었기 때문이다.

앞으로의 시대에서 소비재의 사양기와 정보화 시대의 성장기를 극복할 기업 경영의 결정적인 수단과 노하우는 거의 일치한다.

그것은 ① 우선 고객에 대한 개별 대응이고, ② 전면적 대응이다. 요람에서 무덤까지 대응할 수 있는 종합화가 필요한 노하우로 되어 간다. ③ 정공법으로 당당하게 맞서서 대결하는 것이고, ④ 1등화만이 최선이다. 그리고 ⑤ 최종 도달계(到達系) 지향으로 나아가지 않으면 낭비가 많고, 그러기 위해서는 ⑥ 인간적 밀착이 무엇보다도 효율적이다. 그리고 마지막 결정적 수단은 ⑦ 종업원 전체가 경영에 참가하고 하려는 의욕을 갖는 것이라고 할 수 있다.

이들 7가지의 결정적인 노하우가 스토어리스 판매에 관계됨으로써 완벽하게 해결되는 것이다.

그리고 정보화 시대가 성숙기를 맞는 2000년 경의 결정적인 노하우는 이제까지 말한 7개의 노하우에 ⑧ 하이테크, 하이터치의 일체화 시스템 구축과 ⑨ 전국적인 정보 통신 네트워크 조성 그리고 ⑩ 손님과 동료, 거래처 등의 조직화, 그룹화, 고정화라고 생각된다.

이 3가지의 새로운 노하우 준비에도 스토어리스 판매의 조직은 기초 만들기가 된다.

더구나 이 스토어리스는 당연히 캐시리스를 불러들이는데, 이것이야말로 최고의 고객 지향인 것이다.

제1장에서도 약간 언급했지만, 일반 소비자 즉, 대중은 결코 기쁜 마음으로 소매점에 물건을 사러 가는 것이 아니고 현금을 지불하고 있는 것 같지는 않다. 그것은 소득 수준과 교양 수준이 향상되면 될수록, 그것에 비례하여 레저 시간이 늘어나지만, 반드시 쇼핑 시간이 감소된다는 실례에서 충분하고도 분명히 알고 있다.

현재, 주부의 하루의 쇼핑 시간은 각종 조사에서 판단할 때, 평균 10여분 동안이지만, 10년 전에는 20여분, 20년 전에는 30여분 동안이었다고 생각된다. 이것에서도 알 수 있는 것은 대다수의 사람들에게 있어서 쇼핑은 결코 레저가 아니라고 하는 사실이다.

그리고, 소매점가게에서 현금 지불방법을 다른 지불 수단으로 바꾼 순간, 소매점의 매상이 급증된 사실을 알 수 있다. 오다규게 이도(小田急經堂) 역 근처의 소매점 약 60개 점포는 작년 공동으로 각 점포의 레지스터(금전 출납기)를 종합 신판(信販)의 센터 컴퓨터와 접속시켜 단말기화 했는데, 그것을 계기로 고객에게 현금 지불보다는 종합 신판의 제너럴 카드를 이용한 카드 지불을 요망하자, 대부분의 가게에서는 단번에 매상이 늘어났던 것이다. 평균 2배까지 증가되었다. 이러한 예는 이 밖에도 많이 있다.

스토어리스, 캐시리스가 손님 지향이라고 하는 이유는 이것만으로도 대체로 알 수 있을 것이라고 본다.

어쨌던 이제까지 없었던 기능이 고객의 입장에서 보면 쇼핑이라고 하는 목적을 위해 생긴 것이므로 이 이상 바랄 것이 없는 것이다.

그러나 소매점 측에서 보면, 중대한 핵심은 스토어리스, 캐시

〈표 11〉 이제부터의 전략적인 승부수와 스토어리스 소매업

55년대	65년대 전반	65년대 후반	75년대 전반	현 대	소비자니즈[라이프 스타일]

매출 이익율 라이프·스타일

가격지향

현대 생활제안업

하는 생활인이 허용

백화점(일류 전문점) 존
① 부자
② 고감도 소비자
리뉴얼(혁신성)
어뮤즈멘트(오락·엔터테인먼트) 기능

생활혁신 의욕 추구
앞서가는 라이프스타일

문화적 생활인으로서의 역할

소비·구매 행동의 다양화

재개발형
초대형 SC(GMS)
〈컴뮤니티 기능〉

전문입대 추구
일상적인 라이프

다양한 스토어리스의 전개

전문업태

미니슈퍼

지향·시간절약 지향
필수품 구매·편의성

현명한 소비자로서의 역할 연기

소득 성장의 고민
여성의 사회 진출
공동환상으로서의 현대 라이프·스타일의 추구

잘못된 점포 싸지도 않고, 매력도 없는 점포

교외(郊外) 대형 SC
교외 중형 SC
교외 소형 SC
도심 대형점
도심 중형점
도심 소형점

변화가 생긴다

C V S

도시락 외식 체인

슈 퍼
소형 DS (배터형)
대형 DS (로저스역) 도바시

가격지향

정책

업태 전환 (또는 스크랩))
활성화의 추진
전략개발 (스토어리스)

계획 참여형인 전략적 영업 시스템의 확립

소비자 니즈(다양화, 개성화)의 진전과 스토어리스의 발전에 의해 라이프 사이클이 끝나는 업태(점포)

이제부터의 소비자 니즈(서비스화(化)·개성화·시간 절약 지향 등의 라이프·스타일·니즈)를 충족시키는 업태

〈표12〉소매업태의 전략 매트릭스(배열 상태)

가장 유망한 것이 C_2 존(zone)이고, D_1, D_2은 핵심이 빠져 있다

현재 대형기업을 중심으로 매스콤에서 떠들썩한 것은 D_1, D_2 존 — 핵심이 없다.

〈유망성의 판정〉

A존 : X C_2존 : ◎
B존 : △ D_1존 : △
C_1존 : △ D_2존 : 2

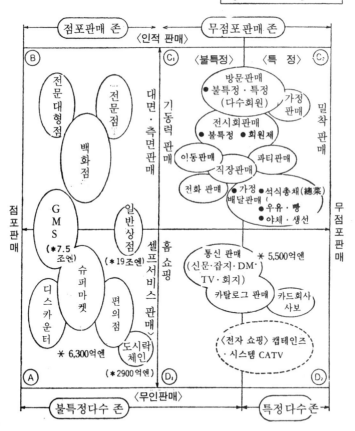

점포판매 존 ─ 무점포판매 존

〈인적 판매〉

점포판매 ／ 무점포판매

B ／ C_1 〈불특정〉 〈특 정〉 C_2

불특정다수 존 ─ 〈무인판매〉 ─ 특정다수 존

전문대형점 / 전문점 / 백화점 / G M S (*7.5 조엔) / 일반상점 (*19조엔) / 슈퍼마켓 / 편의점 / 디스카운터 / 도시락체인 (*2900억엔) *6,300억엔

대면·측면 판매 / 기동력 판매 / 셀프서비스 판매 / 홈쇼핑

방문판매 ●불특정·특정 (다수회원) / 전시회판매 ●불특정 ●회원제 / 이동판매 / 파티판매 / 직장판매 / 전화판매 / 가정배달판매 ●가정 ●석식총채(總菜) ●우유·빵 ●야채·생선 / 가정판매 / 밀착판매

통신판매 (신문·잡지·DM·TV·회지) *5,500억엔 / 카탈로그 판매 / 카드회사 사보

〈전자 쇼핑〉 캡테인즈·시스템 CATV

A ／ D_1 ／ D_2

〈표 13〉 스토어리스에의 수요 시프트(Shift : 변화)
먼저 필수적인 소모품을 노릴 것

소비자의 스토어리스 · 니즈
(1) Ⓐ→Ⓒ₄
(2) 내구소비재 · 실용품→가격 소구(訴求)
(3) Ⓑ→스페셜 · 카탈로그(선물, L 사이즈, 라이프 스타일……)
(4) 점포에서 팔지 않는 것, 사기 어려운 것 →Ⓒ₃Ⓓ₂
  다만, (2)~(4)는 채산성, 시장의 사이즈, 안정적 수요에 문제가 있다.
  우선, 표적으로 필수적인 소모품을 노릴 필요가 있다.

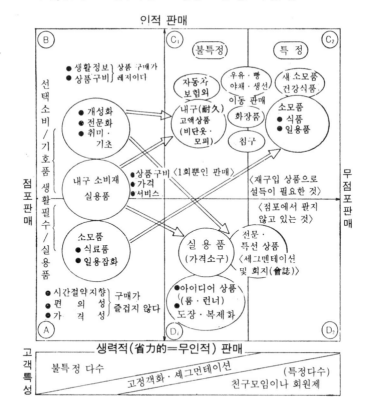

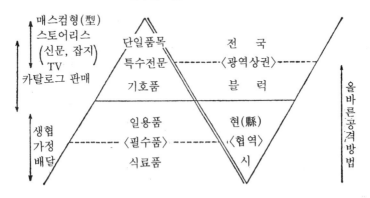

〈표 14〉 스토어리스를 성공시키기 위해서는
필수품을 좁은 상권에서

〈표15〉 시스템 산업으로서의 본격적 스토어리스 사업 참가 전략

통합화(統合化)	상품 믹스(혼합)	의·식·주·음식→레저·문화·정보
	판매 시스템 믹스	단골주문·카탈로그·전시회·배치 판매·특별 전시
고정화(固定化)	회원제 운영	각종 회원제 조직의 연구
단골손님별 단일품 관리	수요예측의 질적 변화 정밀도 향상	컴퓨터 기술의 연구
주부의 조직화	시스템으로서의 확대 전략	공문(公文)식 수학연구회 방식, 노에비아 화장품 방식
물류(物流) 시스템	합리적 물류 시스템	구로네꼬·야마모토 방식 도요다의 간판 방식

리스가 경영으로서 채산이 맞느냐 그렇지 않느냐 하는 것이 된다.

또한, 비록 채산이 맞아도 예전과 같이 점포 판매의 경합 결과로 점포 판매가 격감했다고 하면 별로 바람직한 것은 아니다. 따라서 경합과 복합(復合)에 의해 수요 창출 효과가 나올 수 있느냐의 여부가 문제인데, 이제까지의 나의 실험으로는 스토어리스 캐시리스는 충분히 경영 채산이 맞는다고 할 수 있다. 다만 즉흥적인 생각으로 할 것이 아니라 신중한 계획과 준비가 필요하다는 것은 말할 나위도 없는 일이다.

또 그 결과, 경합에 의해 기존 점포의 매상 감소는 피할 수 없다고 생각되지만 복합적인 효과는 그것보다도 훨씬 크고 새로운 수요 창출때문에 소비재 업계나 유통업계 뿐만 아니라 일본 경제 전체를 위한 '요술 방망이'가 될 것은 틀림없다고 생각된다. 그리고 그 가장 큰 결정적 핵심은 제1장에서도 자세히 말한 '개별 대응'인 것이다.

결국 스토어리스거나 캐시리스거나 개별 대응이 결여된 것은 장래성이 앞으로 없을 듯하다.

불특정(不特定) 손님에서 특정 손님으로, 그리고 획일적인 대응에서 개별적이며 자상하고 친절한 대응이라고 하는 점에서는 스토어 판매보다 스토어리스 판매가 알맞는다. 아니 그보다도 스토어리스는 캐시리스와 공동화(共同化) 할때, 개별 대응화 하지 않으면 안된다고도 할 수 있다. 어쨌든 전국 각지에는 스토어리스, 캐시리스 도입의 움직임이 있다.

대형 소매기업의 주도하에서 메이커나 도매상까지 끌어들여, 하이테크·하이터치의 일체화 시스템, 전국적인 정보 통신 네트워크 시스템, 그룹화·조직화·고정화 시스템 등 정보화 시대를 지향하는 움직임과 관련하여, 스토어리스, 캐시리스 판매는 크게 비약할 것 같다.

이 책의 서문에서 말했듯이, 현재의 스토어리스 비율인 5％가 1990년에는 40～50％로, 현재 5％의 캐시리스 비율도 똑같이 50％ 이상이 될 것이라고 나는 생각한다.

물론, 나는 이제까지 유통업계에서 상식화 된 고정관념에서는 1995년 시점에, 스토어리스 비율 10％, 캐시리스 비율 20％일뿐 일 것이라는 예측을 알면서 이 글을 쓰고 있는 것이다.

지금의 나는, 이러한 추정 비율에 구애받을 생각은 추호도 없다. 지금 신장이 중단된 물질적인 개인 소비 수요를 증가시킬 필요성과 고객지향, 시류, 대형 소매기업의 동태 등에서, 1990 년에 스토어리스 비율 40～50％, 캐시리스 비율 50％ 이상으로 예측했을 뿐이다.

나의 예측이 들어맞아도 좋고 맞지 않더라도 좋다.

원활하게 공업화 사회에서 정보화 사회로의 이행이 이루어지 고 일본 경제가 활력을 잃지 않으며, 유통업 경영자나 유통업계 종사자들이 나의 예측 이유를 알고 대응해 주기를 바란다.

어쨌던 당면한 핵심문제는 스토어리스, 캐시리스, 개별 대응이 믹스된 시스템일 것이다.

4) 시대를 리드하지 않으면 안되는 유통(특히 소매)업계

얼마후 정보화 시대가 찾아온다. 그것은 대중 개개인이 지금의 엘리트처럼 시간을 가장 훌륭하게 활용할 수 있고, 심리적으로도 만족할 수 있는 시대이다.

그러기 위해 기업은, ① 개인 정보의 수집을 기반으로 한 정보 통신 네트워크 그룹을 만들거나 가입하며 ② 하이테크와 하이터 치의 일체화 시스템을 만들고 ③ 대중 개개인의 다양하고 개성적

인 요구에 전면적으로 개별 대응하지 않으면 안되게 된다고 하는
것은 이제까지 말한 것으로도 이미 충분히 이해할 수 있을 것이
라고 생각한다. 이러한 것들을 생각해 보면, 그 포인트는 소비자
라고 하는 생활인의 변화에 있는 것임을 알 수 있다.

결코 기업측이나 제공하는 측에 주도권이 있는 것이 아니라,
소비자라고 할까 생활인이라고 할까, 대중 쪽에 주도권이 있는
것이다.

이것은 공업화 사회가 물건을 과잉 생산했고, 정보화 사회가
되어도 생산하여 제공하는 편은 경쟁과 기술 혁신을 통해 고객
지향 원칙을 일반화 할 것이기 때문이다.

아마도 이제부터는, 만드는 사람과 사용하는 사람으로 나눌
경우, 만드는 쪽에는 창조적 기쁨이 있겠지만, 경제적 역학(力
學) 관계에서 보면 어떠한 물건도 곧 공급 과잉화 현상을 틀림없
이 나타낼 것이므로 사용하는 쪽이 만드는 쪽보다도 끊임없이
우월감을 갖는 상태가 일상화 될 것이다.

이렇게 볼 때, 메이커보다는 유통업 쪽이 최종 소비자와 가까
운 만큼 시류(時流)를 활용하기 쉽다는 것을 알 수 있다.

더구나 앞으로는 제1장에서 말했듯이 메이커·도매·소매·소비
자의 4자가 일체화 되지 않으면 안된다고 할 때, 업태라고 하는
기업 레벨에서 보면, 물건 제조의 단계에 까지 소매업의 주도권
이 미칠 것이라고 생각해도 좋다.

그 위에, 가장 중요한 대중 개개인에 대한 개별 대응이라고
하는 것은, 끊임없이 대중 개개인과 접촉하고 있는 소매업이
가장 정보화 시대에 적응하기 쉽다는 것이 된다.

그 가운데서도, 전면적이라는 점에서는 대형 종합 소매업이
유리한 것은 부인할 수 없다.

말하자면, 많은 산업에서도 대형 종합 소매업이 정보화 시대에

가장 적응하기 쉽고 리더십을 갖기 쉽다는 것이 되며, 다소를 불문하고 대형 종합 소매업을 포괄하여 이들과 공존하고 있는 유통업계 전체가 새로운 시대에 적응하기 위해서는 가장 좋은 업계라고 생각되는 것이다.

그리고 유통업계는 여성이 주역이었던 소비생활과 밀착되어 왔다. 앞으로도 역시 남자는 생산 생활, 여자는 소비 생활의 주도권을 잡는다고 생각되며, 정보화 시대로 되면 될수록 소비 생활 자체가 더욱 각광을 받는다는 것은 아무도 부정할 수 없다. 그렇다고 하면, 대형 상사나 금융기관보다도 여성을 알고 소비라는 것을 알고 있는 만큼, 유통업 특히 소매업이 정보화 시대에는 유리한 입장에 서게 된다.

4. 예견할 수 있는 신유통혁명의 실태

1) 유통업 취업자 수는 지금의 반으로 감소된다

산업의 소비는 취업자 수의 증감으로 나타난다. 이러한 뜻에서 보면, 스토어리스라는 새로운 유통 시스템이 실시됨으로써 유통업 취업자 수는 어느 정도 증가될 것이라고 생각한다.

그러나 스토어리스는 신유통혁명 가운데 하나의 시스템이고 1985년 경부터 시작되어, 1995년 경에는 시스템으로서 완성될 것이라고 짐작된다(저자 주:시스템으로서 완성되지 않는 스토어리스 판매의 장래성은 없다고 생각된다).

그것은, 정밀센터와 계산센터의 네트워크에 소비재를 유통시키는 것과 같은데, 얼마후에는 서비스재(財)나 서비스 기능까지도 거기에 유통될 것이라고 생각된다.

이같은 관점에서 볼 때, 아마도 21세기의 스토어리스 시스템은 종합 정보 시스템 가운데서 물건이나 서비스를 유통시키는 하나의 시스템 이용법이라는 식으로 생각해도 되고, 반대로 스토어리스 시스템 그 자체가 앞으로 10년이나 20년 지나면 그 성격상 통합 정보 시스템에 이어 계속적으로 발전해 가리라 생각된다. 그것이 이 시스템의 장래성이 기대되는 최대 이유이기도 하고 내가 스토어리스를 고려하지 않고는 새로운 유통 시스템이 있을 수 없다고 하는 까닭이기도 하다.

다만 다른 견지에서 보면, 스토어리스 시스템은 신유통혁명을 위한 많은 시스템 가운데의 하나의 시스템이라는 것을 알고 있지 않으면 안된다. 신유통혁명이라고 하는 것은 유통업계의 인적인 낭비와 물질적 낭비의 삭감, 유통 경로의 단축이나 합리화를 가져오는 것이고 그 때문에 이것을 바로 혁명이라 할 수 있는 것이다. 그렇기는 하지만, 그것은 정보화 사회의 도래에서 비로소 가능해진다는 것을 여기까지 이 책을 읽어 온 독자는 이해가 될 것이다.

미래의 정보화 사회에서는, 물건이 인간의 욕망 추구의 주역이 아닌 것이 되고, 그 새로운 사회는 산업적, 구조적으로 말해서 제4차 산업이나, 제3.5차 산업적인 것이 되며, 제3차 산업, 제2차 산업에서는 인적 합리화가 급속하게 진행될 것이라고 생각되므로 신유통혁명이 되는 것이다.

따라서, 그 때에는 유통업도 정보 산업의 일부분을 이루게 될 것이라고 할 수 있다.

따라서 이제까지와 같이, 유통업을 하나의 산업으로서 파악하려고 하는 것은 정보화 사회에서 불가능하게 된다고 말하지 않을 수 없다. 다만 독자의 이해를 돕기 위해 현재의 유통업이라는 개념에서 파악하면 그 취업자 수는 당연히 감소되지 않을 수 없을 것이다.

나는 스토어리스 시스템 담당자들도, 유통업 근무자로 본다면, 앞으로 몇 년간 유통업 취업자 총수가 약간 증가될 것이라고 생각한다. 그러나 그 뒤에는 줄기 시작하고 아마도 21세기로 들어가서는 현재의 반 정도가 되지 않을까 생각한다.

1962년, 유통혁명론이 제기됐을 때의 유통업 취업자 수는 600만명 약(弱), 그것이 20년이 지난 현재는 1100만명 약(弱)으로 2배 증가되었다. 이것이 앞으로 5~10년은 스토어리스 화(化)의 진행으로 약간은 증가될 것이다. 그러나 앞으로 20년이 지나면, 이번에는 신유통혁명이 마침내 진행되어 600만명 정도로 반감될 것으로 나는 생각되는 것이다.

유통업이라고 하는 좁은 분야에서 보면, 이 취업자 수의 증감은 그 성쇠의 역사 자체라고도 할 수 있을 것이다.

다만, 유통 선진국이라고 하는 미국에서는 조금 다른 견해를 가지고 있는 것 같다. 미국의 유통업 취업자 수는 현재 도매업이 400만명 강(强), 소매업이 1300만명 강, 합계 약 1750만명 정도이다. 인구가 일본의 2배라고 생각할 때, 현재 일본의 도매업 취업자가 약 410만명, 소매업이 640만명이라고 볼 수 있으므로 미국은 일본보다도 도매 단계 취업자 수가 인구비로 보아 약 반인 것을 알 수 있다. 그러나 소위 공업화 사회인 미국에서도 유통혁명만은 결코 없었다는 것을 소매업 취업자 수를 보면 알 수 있다.

더구나 권위있는 미국의 각종 기관 예측에서도 앞으로 유통업 인구가 증가하는 일은 있어도 감소되는 일은 없다고 결론내리고 있는 듯하다.

예를 들면, 지금 내가 알고 있는 가장 새로운 자료는 1983년 5월 9일자 'US 뉴스 앤드 월드 리포트'의 '앞으로 50년 동안에 무엇이 일어나는가'라고 하는 특집 기사인데, 여기에는 앞으로 2000년까지 새로 탄생하는 직업의 No. 1으로 '텔레마케팅'이 꼽히고 있다. 그것은 전화와 텔레비젼을 통해 상품을 소비자에게 파는 직업인데, 그 담당자 수는 현재의 수만명이 2000년에는 800만명에 이를 것이라고 예측하고 있다. No. 2는 컴퓨터 에이딧 디자인이나 컴퓨터 에이딧 매뉴팩처어링에 관계된 사람들이고 이들이 현재 역시 수만명 있지만 132만명이 될 것으로 예측하고 있다.이 수치를 보아도 미국에서는 텔레 쇼핑을 홈 쇼핑의 핵심으로 파악하고 그 때문에 방대한 인적 수요가 있을 것이라고 추정하고 있다.

이 'US 뉴스 앤드 월드 리포트'에 따르면 현재 미국의 경우, 산업별 취업자 비율은 제3차 산업이 62％지만 2000년에는 82％가 되고 그 가운데서도 소매업이 차지하는 비율이, 텔레 마케팅도 소매업으로서 생각하면 취업자 수에서 최대의 직업 집단이 될 것이라고 생각하고 있는 모양이다.

다만, 나는 일본에서나 미국에서도 1990년 경까지 유통업 취업자 수는 늘어나도 그 이후에는 신유통혁명이 본격화되므로 줄어들기 시작하여 2000년에는 현재의 반 정도가 될 것이라는 추정이 정확할 것이다.

스토어리스, 캐시리스 등의 도입은 어디까지나 고객 지향적이면서도 역시 물질적 소비를 늘리는 하나의 수법인데, 그것은 공업화 사회에서 정보화 사회로의 이행을 원활하게 하기 위해 일시적으로 인간의 지혜가 필요하게 되어 있는 것이다.

그러나 본질적으로 정보화 사회가 되면 유통에 있어서는 인적 낭비, 물질적 낭비는 제거되는 것이 옳고, 원활하게 정보화 사회로 이행한 뒤, 물질적 낭비의 제도화에 소비자가 외면하게 될 것이고, 돈을 벌 수 없다는 유통업계는 취업자 수가 틀림없이 줄어들 것이라는 것이 정당할 것이다.

2) 전국 네트워크의 대형 유통 그룹이 10개 정도 생겨 유통의 주도권을 잡는다

반복하는 것 같지만, 정보화 사회가 되기 때문에 신유통혁명이 일어나는 것이다. 지금과 같은 공업화 사회가 계속되는 한, 유통업계에서 인적 낭비나 물질적 낭비는 절대로 줄지않고 오히려 계속 늘어날 것이며, 또 유통 경로도 더욱 더 장기간 복잡화될 것이라고 생각된다. 여기서는 혁명 따위가 결코 일어날 수 없는 것이다.

이 정보화 사회에서는 소비자 개개인에게 전면적으로 개별 대응하지 않으면 안된다. 그것은 통합화와 전국 네트워크가 반드시 필요하다는 것이 된다. 더구나 하이테크와 하이터치 시스템이 일체화 되어 완비되지 않으면 기업으로서 살아남을 수 없다.

유통도 정보화 사회의 테두리 안에서 움직이므로, 당연히 유통의 전반적인 통합화와 전국 네트워크가 하이테크 · 하이터치의 일체화 시스템과 더불어 완성될 것이다.

사실 내가 고문을 맡고 있는 회사에는 프레시 시스템즈 주식회사와 같이, 중견 기업의 집합체이면서 이론적으로는 이제까지 설명한 여러가지 조건을 완전히 충족시킨 시스템 구축을 끝내고 실천하는 회사들도 있다.

대형 소매업도 가장 손님과 가까운 곳에 있고 통합화는 특기(特技)이며, 체질상으로도 기업 규모를 확대하지 않으면 안되므로 우선 스토어리스로 진출할 것이지만, 당연한 일로서 그것을 전국 네트의 하이테크 · 하이터치형 시스템으로 이행시킬 것이라고 생각된다.

또 금융기관이나 상사, 매스컴뮤니케이션, 운수 회사, 대형 생명 보험회사 등이 이 분야를 노리고 있지만, 유통업계의 주체인 소매업의 실태는 그것이 여성 대상인 만큼 일반 기업은 남성적 발상 밖에 할 수 없으므로 참여에서 실패할 것이다.

유통업계 이외로부터의 참여에 있어서 군이 성공할 가능성이 있다면, 대형의 가정 배달 기업이나 경비보장(警備保障) 회사일 것이지만, 그들이 진지하게 유통업계를 노리는지 어떤지는 새 유통 혁명의 실현이 10년 뒤로 임박한 만큼 시간적으로 여유도 없고 돈을 벌 수도 없을 것이며, 거시적으로 생각할 때, 참여에는 의문이 있다.

이렇게 생각해 보면, 남아있는 것은 대형 소매업 이외에서 지금 유통 주도권을 쥐고 있는 대형 메이커나 도매 기업이다.

그들의 장래는, 대형 소매 기업에 유통 주도권을 빼앗기면 사활 문제가 되기 때문에 어디까지나 자신들이 주도권을 잡는 전국 네트워크의 통합 유통 그룹을 만들 수밖에 없다.

이와 같이 생각해 보면, 5~10년 뒤에는 아마도 전국 네트워크의 통합 유통 그룹이 10개 정도, 이른바 하이테크 · 하이터치 일체화 시스템의 필요에서 컴퓨터 회사의 수만큼은 생길 것으로 생각된다.

컴퓨터 회사는 그 성격상으로도 일개 회사이고, 한 그룹 이상의 유통 그룹인 하이테크 · 하이터치 시스템을 만들기에는 일이 일인 만큼 관여할 수 없을 것이라고 나는 생각한다. 게다가 참여하기 위한 시간도 없다. 신유통혁명이 궤도에 오르기까지의 10년 동안에, 시스템 개발을 궤도에 올려놓는다고 하는 조건하에서 한 컴퓨터 회사는 한 유통 그룹이고 최대 한계일 것이다.

이 전국 네트의 대형 유통 그룹이 어떠한 현존의 기업에서 발전해 가는가 하는 것도 거의 짐작 할 수 있게 되었다. 그것은 기존의 역사라든가 명성과는 거의 관계가 없을 것이다.

그 제일 핵심은 우수한 선견성과 결단력 있는 최고 경영자의 기업이냐는 것으로, 그것만으로 20개 정도 압축시킬 수 있다고 나는 생각한다. 그리고 그들 기업군은 현재 어떤 수준 이상의 안정성을 가지고 있는 것이고, 예컨데 장래에도 이익을 올릴 수 없을 듯한 2등점 이하의 가게를 많이 갖는 등의 마이너스적 조건이 적은 기업이 아니면 안된다.

여기에서 15개 정도로 압축시킬 수 있다.

그 위에, 전국적 네트워크가 만들어지고, 그리고 통합화가 가능하다고 하는 조건을 덧붙이면 8~10개 정도 밖에 없게 된다.

어쨌든 이들 대형 유통 그룹이 유통 주도권을 잡고 서로 경쟁을 하면서 정보 그룹으로서도 중대한 기반을 차지하게 될 것이다.

3) 유통 그룹은 정보 그룹이 된다. 또 영세업자는 격감되고 예약제가 상식화 된다

신유통혁명 후, 아마 유통 그룹은 소비자 대중 개개인의 개인 정보를 수집하여 정보 그룹화 되어 있을 것이다.

왜냐하면, 유통업은 이미 말한 바와 같이 돈을 벌 수 없게 되고 소비자 욕구의 주체가 물건에서 정신으로, 그리고 시간의 효율적이고 만족스런 이용으로 변해 가므로 소비재나 물건만의 유통 그룹이란 비경제적인 동시에 비효율적이기 때문이다.

그 위에 유통업계, 특히 대형 통합 소매업계는 소비자와 가장 밀착되어 있고 다른 업태에 비해 정보화 사회의 핵심인 대중 개개인의 다양한 욕구를 전면적으로 가장 개별 대응하기 쉬운 업태라는 것은 말할 나위도 없는 것이다.

생각해 보면, 참으로 정보화 사회는 유통업계를 위해 준비되어 있는 것과 같은 것이다.

그렇다고 하면, 당연히 유통 그룹은 스토어리스, 캐시리스의 하이테크 · 하이터치 일체화 시스템을 실행으로 옮긴 시점에, 빠르면 지금으로부터 2~3년 뒤 부터 정보 그룹화 되어 가고 신유통혁명 확립에서 하나의 크나 큰 캐스팅 보트(결정권)를 잡을 듯이도 보인다.

그렇게 되었을 때, 당연히 개인 정보와 개인 신용이 그 기본이 될 것이지만, 개개인의 요구에 대처하기 위해서는 제공측과 공급측의 그룹화, 조직화, 고정화가 아무래도 필요하게 된다.

개인 정보나 개인 신용도 유통 그룹이 가장 잘 알 수 있다······ 고 한다면, 정보화 사회에서는 유통 그룹이 정보 그룹의 핵심체가 되어 있을 것이다.

신유통혁명을 이처럼 생각하면, 전국 네트의 대형 유통 그룹을 정보화 사회의 중핵 기업 그룹, 대형 정보 통신 네트워크 그룹화 시킨다고 말할 수 있을 것 같다.

물론 이것은 유통업계 자체에 여러가지의 파급 효과를 미칠 것 같다.

우선 신유통혁명까지의 단계, 스토어리스, 캐시리스화(化) 무렵부터 영세 소매점, 소형점에서는 매상 감소라고 하는 경향이 나타날 것이다. 취업자 수도 이들 가게에서는 감소될 것 같고 점포 수도 줄기 시작할 것이다. 소매업은 '신통치 않은 사업'은 아닌 것으로 될 것 같다.

이제까지는 실업의 완충지대 역할을 하고 있었으므로 정치적인 면을 비롯하여 모든 면에서 영세 소매업이나 소형점은 보호받고 있었다. 상업에 대한 통제가 나라의 경제력이나 활력을 저하시키는 것은 세계의 역사가 증명하고 있고 일본에서도 도꾸가와(德川) 시대의 교호(享保)·간세이(寬政)·뎅호(天保)의 3대 개혁이 모두 상업 통제였기 때문에 얼마나 경제 발전을 저해했는가는 분명히 알고 있는데, 최근에 와서 대형점 규제를 비롯하여 갖가지 상업 통제가 시작되고 있는 것은 한마디로 소매업이 실업의 완충지대이고, 제3.5차 산업이나 제4차 산업에의 비약을 위해, 거기에 사람을 집결시키지 않으면 안된다고 하는 산업 구조상의 필연성 때문이었다.

그러나 생업이나 가업에서의 경영이라고 하는 조건 밑에서도 이미 소매업을 하는 것보다는 심부름센터가 돈을 벌 수 있고 대행업이 시류에도 알맞는다. 제3.5차 산업이 바야흐로 궤도에 오르고 있는 것이다.

지금도 영세 소매점이나 소형점은 보호가 없으면 거시적으로 볼 때, '신통치 않은 산업'도 아니고 벌이가 안되는 업태라고 할 수 있다.

아마 정치적, 경제적 보호가 앞으로는 점차 없어지리라 생각되고 소매업 자체가 생업 단계에서는 손님과의 밀착화나 고정화 이외에는 돈을 벌 수 없게 될 것이라고 여겨지므로, 정보화 사회=신유통혁명 전에 영세점 등은 전업하게 될 것으로 생각된다.

그와 동시에 도매업도 스토어리스, 캐시리스화로 유통 경로의 정리가 시작되므로 감소화 경향을 나타낼 것이다.

그러나 전혀 희망이 없는 것은 아니다. 새로운 사회, 정보화 사회로 가는 바람직한 생존법, 하이터치식 참여를 생각하면, 가장 정보화 사회와 가까운 유통업계에서 이제까지 훌륭히 살아 왔으므로, 이번에는 다른 업종일지라도 훌륭히 적응하고 노력에 따라서는 크게 되는 것도 가능하다. 새로운 사회가 시작된다고 하는 것은 옛사회에서 빛을 못보고 있던 사람이나 기업에 있어서는 큰 찬스라고 할 수 있을 것이다.

그런데, 유통업계만이라고 하는 테두리안에서 볼 때, 스토어리스 · 캐시리스가 궤도에 오르기 시작하는 2~3년 뒤부터 소매업 · 도매업이거나 영세업의 점포 수나 취업자 수 모두가 줄기 시작한다. 그것이 10년 뒤, 신유통혁명이 마침내 궤도에 오르게 되면 영세업은 격감될 가능성이 크다.

다만 이미 말한 바와 같이, 그 대부분은 제3.5차 산업이나 제4차 산업으로 훌륭히 전업할 것이라고 생각되므로 사회적인 문제가 되지는 않을 것이다.

그 다음에 크게 변하는 것은 소비재의 생산 · 판매 · 구매의 각 단계 모두 예약제가 중심을 이루게 될 것이다. 충동 구매가 줄고 계획 구매가 된다.

물건에 대해서도 이것은 우선 절대적인 경향일 것이다. 그것은 경마나 경륜(競輪)에서 골인 차례를 알고 나서 마권이나 차권을 사는 것과 같은 것이다. 이미 말한 프레시 시스템(주)의 실험에서는 생선 식품에서 조차도 이미 1주일 단위의 예약제를 소비자가 좋아한다는 것을 알게 되었다. 또 그러기때문에 스토어리스가 하이테크 · 하이터치 일체화 시스템으로 운영될 수 있는 것이다.

생각해 보면 물질적 낭비를 절약하기 위해서는 경쟁 원리의 도입이 필요하지만, 필요없는 물건을 주문하지 않는다고 하는 소비자의 시대적 요구에 가장 적정(適正)하게 따를 수 있는 시스템이 있으면 된다. 이에 관해서는 이미 5년 정도 실험해 왔는데, 이론상으로는 완전히 성립된다. 그리고 그것은 실천면에서도 이미 되어 가고 있다.

　우리 회사의 '신유통혁명 그룹'에서는 1995년에 소비재의 80 % 정도는 예약에 의하여 계획적으로 생산되어 손님에게 전달되지 않을까……라고 하는 시뮬레이션 결과를 이미 지난 해에 발표했는데, '그런 바보같은 일은 일어나지 않는다'라고 말할 수 있는 사람은 아무도 없다.

　정보화 사회라는 것은 물건에 관해서만이 아니라, 여러가지 일에 대해서도 예약제도를 만들어 낼 것이라 생각되고, 그러기에 유통 그룹이 정보 그룹화 되는 것이고, 신 유통 혁명이라고도 할 수 있는 것이다.

　더욱 큰 변화라고 여겨지는 것은 정보가 수집되고 전국적인 통신 네트워크를 이용할 것이라고 여겨지므로 개인에게 있어서 신용은 불가결한 것이 될 것이다.

　프라이버시의 침해라고 하는 문제가 크게 대두될 것이라고 생각되지만, 이미 말한 바와 같이 그 점은 인간의 지혜가 반드시 해결할 것이다.

　어쨌든 개인에게 있어서도 세상에 대해 의리를 못지키고 드롭아웃(비정상화)하면 참으로 살아가기 힘든 세상이 될 것 같다. 아마도 이런 점에서 학교 교육이나 교양 문제도 나는 보다 나은 방향으로 크나 큰 변화가 일어날 것이라 생각하고 있다.

　물론 대중의 교양 수준 향상과 더불어 이해될 수 있는 것이 늘어나고 제약이 없어지며, 지금은 인정받지 못하는 여러가지 행동이 대폭 허용 및 인정받는 사회가 되고, 그리하여 정보화 사회는 발전적인 방향으로 조정될 것이다.

4) 끌어당기고 접근하여 끝까지 목적달성하는 업태와 상품으로 소비자에 전면 대응한다

　라이프 사이클적으로 볼 때, 사양기가 지나고 안정기가 되면 거기서는 진짜 마케팅과 최종까지 도달하는 마케팅의 시대가 된다.

진짜라고 하는 것은 알기 쉽게 말해 진선미(眞善美)라고 하면 좋으리라 생각하는 데, 예를들어 의류품에서 진(眞)이라고 하는 것은 피부 감각에 가장 가깝고, 입고 있어도 그 자체가 생리적으로 고통이 되지 않는 감각적인 의류품이라고 말할 수 있을 것이다. 또 선(善)이라고 하는 것은 튼튼하고 싸고 오래 가는 것이 될것이고, 미(美)는 언제나 어데서나 아름답게 보이는 의류품이라고 할 수 있다. 이와 같은 상품이 진짜 상품이다.

장사도 마찬가지로, 속이거나 아첨하거나 하는 것이 아니라 소매업이라면 소비자의 쇼핑 대행업이 되어 그야말로 고객의 입장에서 좋아하는 것, 필요한 것을 가장 경제적이고 효율적으로 제공할 수 있는 장사를 뜻하는 것이다.

신유통혁명 이후라는 것은 물건에 있어서는 사양기가 끝나고 안정기에 이르렀을 때를 가리킨다. 우선 이제까지 말한 진짜 상품, 진짜 장사가 무엇보다도 목적하는 방향이고 점차적으로 진짜 이외의 상품이나 장사는 존재할 수 없게 된다.

그와 동시에 최종까지 도달할 수 있는 상품이나 장사는 진짜에 의해 규제받게 되리라고 생각한다. 예를 들어, 소매업의 최종 도달계(到達系)라고 하면 무엇보다도 손님을 끌어당기든가 손님에게 접근하든가의 그 어느 쪽이다. 이것은 1등 점포나 가정 배달이라는 것으로 된다. 여기에 진짜 목적지향이라고 하는 것을 부가한다면 인간적 밀착이라는 것이 된다.

또, 가장 손님을 끌어당기고 다가가는 장사일지라도 셀프 서비스라고 하는 것은, 자체가 경쟁이 격심해지면 성립하기 어렵게 될 것이다. 그리고 좀 더 논리를 발전시키면 손님을 끌어당기기보다 다가가는 쪽이 분명히 진짜이다. 끌어들이는 경우에도 그것

자체에 경쟁이 있으면 손님 지향에서 먼 쪽은 실패하게 된다. 사실상으로 손님을 접대하는 장사와 셀프 서비스 장사가 초특급으로 격돌하면 완전하게 위상차(位相差)가 생기고, 장사 방법상에서 말해도 셀프 서비스는 절대로 승산이 없다. 또 손님을 끌어들이는 점포 장사와 손님에게 다가가는 가정 배달 장사가 격돌하면, 여기서도 점포 장사는 절대로 이길 수 없다.

손님 지향＝진짜로 했을 때도 끝까지 파고들면 최종 도달계에도 이같은 존재 불가능한 결과가 나올 가능성이 있다(나의 기존 각 저서에는 최종 도달계에 관해 상세하게 설명해 두었으나, 이 책에서도 제3장에서 기술하고 있다).

그런데 소비재에 있어서 안정기라고 해도 신유통혁명은 정보화 사회를 위해 일어나는 현상이라고 할 수 있다. 정보화 사회의 특성은 다양한 소비자 대중의 개인적인 요구에 전면적으로 대응한다는 것과, 제1차 · 제2차 · 제3차 산업에서는 과당 경쟁이 아니라 이익은 없어도 안정된 마켓을 만들어 내고 다소의 계획경제 이론을 도입해도 능률이 떨어지지 않는 시스템으로 운영된다는 것이다.

그것은 진짜 마케팅이라고 해도, 거기서는 유통에 있어서 최종 도달계의 것은 충분히 살아 남는다고 하는 것을 뜻하고 있다. 아니 그보다도, 최종 도달계 마케팅은 아마도 유통업계의 주류 마케팅이 되어 있을 것이라고 하는 것이다. 그와 동시에 최종 도달계 사이에서는 잘 운용만 하면 경합작용보다는 복합작용이 많다고도 생각할 수 있다.

구체적으로 말하면, 가장 끌어들이기를 잘 하는 소매점, 예를 들면 지역에서 최고 으뜸의 백화점이 거기에서 손님에게 접근하는 가정 배달 시스템을 가장 잘 운영하기 쉽고 이 두가지를 양바퀴와 같이 복합화 시킴으로써 압도적인 지역 시스템도 확보할 수 있는 것이다.

그 반대도 마찬가지이다.

나는 마루야마와다(丸八眞綿)의 오까모도(岡本) 회장과 친한데, 그분에게 다음과 같이 말한 적이 있다.

"이름이 없었던 마루야마와다(丸八眞綿)가 고겐상(高見山)을 텔레비전에 등장시킴으로써 신용이 붙어 단번에 성장할 수 있었어요. 이제부터는 긴자(銀座)의 마쓰야(松屋)나 신주꾸(新宿)의 이세단(伊勢丹) 같은 일등지에 마루야(丸八) 코너를 만들어 봐요. 그리고 그것을 PR하면 더욱 업적이 오를 것입니다." 라고.

이 충고는 아직 실현되지 않았으나, 최종 도달계 사이에는 이와 같은 보완 작용이 있다고 할 수 있다.

따라서 손님을 끌어들이고 손님에게 접근하는 최종 도달계의 상품과 업태로는 전면적으로 유통업계에서 소비자에 대응하게 될 것이다.

이야기가 좀 여담이 되지만, 나는 정보화 사회가 되고 그 뒤 세상이 어떻게 변해도 역시 끌어당기는 장사법이 접근하는 장사법보다는 강한 장사법이라고 생각한다.

다만, 소매라고 하는 같은 업태, 도매라고 하는 같은 업태가 같은 조건에서 손님을 대할 때, 끌어당기는 장사법이 접근하는 장사법을 절대로 이길 수 없다는 것은 말할나위도 없다. 따라서 끌어당기는 장사법을 유지하려고 생각하면, 자기의 상권 내에서는 위상차를 가지면서 경쟁에서 불리한 접근하는 장사 방법을 행하는 동업자의 참여를 중단시켜야 된다.

그러기 위해서는 스스로가 접근하는 장사법을 마스터하고 상권 내에서 적대편과 경쟁할 것이 아니라, 자기 편끼리 복합적으로 보완이 가능한 무기와 전략을 갖지 않으면 안된다.

그런데 최종 도달계(到達系)의 시대라고 하는 것은 중간계 (中間系)는 고전을 강요받아 사라지지 않을 수 없다고 하는 것이 다. 나는 이 신유통혁명이 완성되기까지 앞으로 10~15년 동안 에 유통업계 가운데서 중간계는 사라지지 않을 수 없다고 생각하 고 있다.

그것을 업태적으로 메이커·도매상·소매업이라고 분류할 경우, 도매상에서는 메이커화나 소매업화 되지 않으면 절대로 살아남을 수 없게 되고 소매업 가운데서도 컨비니언스 스토어 (편의품점)적인 업태는 슈퍼와 가정 배달의 중간계(中間系) 형태이므로 수지면에서 고전을 면하기가 어려울 것이라고 생각 한다.

또 기업 규모에서도 중간 규모 기업이 하이터치형 시스템만으 로는 장래성이 없으나 하이테크와 하이터치 일체화 시스템까지 갖춘 기업력에 대하여는 다른 기업이 도전할 수 없는 가능성이 많아진다. 중견급 경영자에게도 웬만큼 선견성이나 행동력이 없으면 대기업 산하에 들어가게 되거나 스스로 사라지지 않을 수 없을 것이다.

그리고 끌어당기는 가게라는 관점에서 볼 때, 가장 끌어들이기 쉬운 지역 1등점은 최종 도달계이지만, 2등점 이하는 고전을 피할 수 없다. 역시 사라져 가든가 1등점이 되기 위해 전문 대형 점화 하지 않을 수 없을 것이다.

역시 그것은 혁명이라고 부르기에 어울리는 크나 큰 변화를 유통업계에 주는 것으로 이해해 주었으면 한다.

제 3 장

유통기업의
신유통혁명 대책

　내가 이제까지 이 책에서 예고해 온 것은 유통업계에는 아마도 앞으로 2~3년 후부터 본격적인 스토어리스화(化), 캐시리스화(化)의 폭풍이 불어닥칠 것이라는 것과 10년 쯤 뒤에는 무조건 신유통혁명이 일어날 것이라는 것이다.

　그 가장 큰 이유는 공업화 사회가 벽에 부딪히고 정보화 사회가 10년 뒤에는 절대로 올 것이라는 것이 전제 조건이다.

　이 책에서 내가 말한 예고에 대해서는 그것이 장래의 일이므로 절대로 맞는다고는 나도 말할 수 없다. 그 중에서도 신유통혁명이 궤도에 오르게 되는 연도나, 스토어리스나 캐시리스의 비율에 대해서는 빗나갈 가능성이 상당히 있을 것이다.

　그렇다고는 하지만, 앞으로의 시류나 세상의 경향에 대해서는 절대라고 해도 좋을 만큼 정확한 자신감을 가지고 있다고 말할 수 있다.

　이러한 시류나 경향을 바탕으로, 이 3장에서는 우선 원칙론으로서 지금 유통 관계에 관여하고 있는 사람들이나 유통기업이 무엇을 하지 않으면 안되는지를 일단 '단기 대응책'(지금 곧 살아남기 위한 대책), '중기 대응책'(3년~10년 후, 슬기롭게 살아남을 수 있는 대책), 그리고 '장기 대응책'(10년 뒤에도 제대로 살아남아서 시류에 대응하기 위해 지금 하지 않으면 안되는 대책)으로 정리해 보려고 한다.

여기서 말하는 것은 원칙적으로, 지금 곧 착수하지 않으면 안되는 것들 뿐이다. 그러나 만일 지금 곧 할 수 없을 때는 하루라도 대응이 빠른 것이 좋다…… 고 하는 것으로 정리하고자 한다.

이어서 실천편인데, 지금 유통업계에서 화제가 되고 있는 여러 현상을, 주로 소매업에 대해 질의응답 형식으로 해설하려고 한다.

이 실천편은 응용문제와 같은 것인데, 이 책 제1장·제2장과 제3장의 원칙편을 이해하기만 하면 정답을 낼 수 있는 것들 뿐이다. 유통업을 세밀하게 분석하고 있는 컨설턴트의 어드바이즈 실천편이라고 생각하고 읽어 주기 바란다. 다만, 이 실천편에서 여러 문제들을 소매업으로 압축한 것은 지면 사정도 있지만 미래에서 유통 문제의 결정적인 핵심은 메이커나, 도매상에 있어서도 소매업 문제이기 때문이다. 그 점은 이미 말한 바 있으므로 이해하리라고 본다. 응용문제로서는 이것만으로 충분하다고 생각한다. 다음에 질의응답 형식을 취하려고 생각하는 것은, 최근 반년 정도 내가 가장 많이 질문을 받은 순서에 따라 해설하였기 때문이다. 독자에 있어서도 업계의 관심사를 알 수 있고 나도 그러는 것이 진심을 쓸 수 있다고 생각된다.

1. 원칙편＝지금 당장 이렇게 하자 − 하루라도 빠를수록 좋다

1) 단기 대응책 · 1──계속 벌기 위해서 우선 끌어당기자

　지금은 공업화 사회와 정보화 사회의 과도기라고는 하지만, 아직 사회 구조상으로는 공업화 사회이다. 그런데 공업화 사회의 장사 요령은 고객을 우선 자기 쪽으로 끌어당기는 것이라고 할 수 있다.

　또, 이미 말한 바와 같이 경쟁에서 이기기 위해 또 시류에 맞추어 살아남기 위해, 이따금 부득이하게 손님에게 접근하는 장사법을 취하지 않으면 안되는 기업이나 사람일지라도, 끌어당기는 힘이 강한 사람쪽은 분명히 효과를 올리기 쉽다. 그래서 지금 당장 도전하지 않으면 안되는 것은 끌어당기는 것에 대한 전력투구일 것이다.

　여기서 관점을 조금 바꾸어 보자.

　어떤 세상이 되더라도 강자와 약자의 관계에서 강자는 끌어당기고 약자는 접근한다.

　전후, 일본의 역대 수상들이 미국을 방문한 회수와 미국 대통령이 일본을 방문한 회수를 보면 어느쪽이 강자인지는 일목요연하고 회사의 임원 회의는 우선 사장이 있는 곳(보통은 본사)에서 열리는 것이 상식이며, 특별한 일이 없는 이상 사장이 출장가서 지점에서 열리는 일은 없다.

　지난 20년 정도, 간세이(關西)에 본사가 있던 기업들이 속속 본사를 도쿄로 이전했다. 혹은 도쿄·오사카 두곳에 본사를 두거나, 등기상의 본점만은 간세이에 남기고 있으나 실제상의 본사 기능은 도쿄라고 하는 곳이 늘어가고 있다. 대형 소매기업에서도 다까시 마야(高島屋)·소고·다이에·자스코 등이 이들 예에 해당되는데, 그 이유는 도쿄 쪽이 간세이(關西) 보다 사람들을 끌어들이기 쉬운 입지이기 때문이다.

　사람을 끌어들이기 어려운 입지가 되는 것을 '지반이 가라앉는다'고 한다. 예컨대 간세이의 지반은 전후 특히 지난 30년 동안에 대폭적으로 위축된 것은 부정할 수 없다.

개인적인 일이 되지만, 나와 같이 오사카에서 태어나서 교또 (京都)에서 대학을 졸업하고 자기 회사를 설립한 후에도 오사카에 본사를 둔 사람, 더구나 골수적인 간세이인이고 각별히 간세이를 사랑하는 사람일지라도 1970년에 회사를 창립한 다음해에는 도쿄에도 사무소를 개설했다.

현재 나의 자택이 간세이에 있고 회사의 간부 사원 대부분이 간세이가 주거지이며, 종업원.대부분이 오사카 사무소(본사 사무소)에서 근무하고 있지만, 이제 나는 도쿄에도 주거지를 마련했고 우리 회사의 도쿄 사무소는 사용 면적도 임대 빌딩 인 본사의 사무소와 다를 바 없을 뿐만 아니라, 회사 소유의 빌딩이기도 하다. 도쿄에서 종업원은 아직 수십명이지만 멀지 않아 200명 정도까지 증가될 전망이고, 늘릴 스페이스도 충분히 있다. 무엇보다도 나 자신의 도쿄 체재일수가 본거지인 간세이에서 보다 늘어나고 있는데, 그 이유는 오사카보다도 손님이나 친구들을 끌어들이기 쉽기 때문이라고 할 수 있다.

지금 도쿄 사무소에서는 하루에 10~20명의 방문객과 만나면서 사람을 진행시킬 수 있지만 오사카 사무소에서는 5~10명이 고작이다.

찾는 고객이 많으므로 접근하기 보다도 끌어들여 사업을 추진할 수 있는 것이 나의 입장인데, 도꾜나 오사카가 모두 조건은 같은 조건 같지만 실제로 이런 상태인 것이다.

아마도 내가 도쿄 태생이고, 처음부터 도쿄에 본거지를 구축했더라면 우선 오사 카에 사무소에 내지는 않았을 것이라고 생각한다. 왜냐하면 나의 경우, 사업의 성격상 그 필요성이 전연 없기 때문이라고 할 수 있다. 그 뿐만이 아니다. 도쿄에 본사가 있는 기업이, 다시 오사카 본사를 만들 경우는 거의 없으며, 도쿄에 자택이 있으면서 오사카에도 집을 마련하려는 경영자는 거의 없다.

물론 간세이(關西) 사람에게는 이런 핸디캡이 있고 그것을 극복하여 열심히 끌어당기기 위해 노력하고 있으므로 어떤 수준 이상의 사람이나 기업이 본격적으로 도쿄에 올라와 도쿄를 본거지로 삼으면 틀림없이 급속한 신장을 기대할 수 있지만 그렇다고 하더라도 간세이는 도쿄에 비해 더욱 더 끌어들이는 흡인력(吸引力)을 잃고 있으므로 약자가 되려 하고 있다. 간세이인인 나로서도 유감스런 일이다.

애기를 처음으로 되돌리자.

이러한 것에서 알 수 있는 것은, 강해지기 위해 또 쉽게 돈을 벌기 위해서는 끌어들이는 힘, 노하우가 무엇보다도 중요하다고 하는 것이다. 알기 쉽게 말해서, 끌어들이지 못한다면 현상유지가 어렵고 돈을 버는 것도 쉽지 않다고 할 수 있다.

유통 기업에 있어서도 이것은 마찬가지이다. 여기서 다시 한 번, 끌어당기기 위해 전력투구로 도전하지 않으면 안될 것이다.

다음에 끌어들이는 방법을 들겠다.

① 최고 상품을 구비할 것

여기서 말하는 상품이란 '물건'에만 국한되는 것이 아니다. '기능'이라고 해도 좋다. '서비스'라도 좋다. '이미지'이거나 '문화'도 해당되는 것이다.

도쿄로 사람을 끌어들일 수 있다는 것은, 일본에서 유일한 중앙 정부라는 행정 기능이 있는 것도 큰 이유이다. 이것은 틀림없는 최고 상품이라고 할 수 있고 그것은 강한 흡인력을 가지고 있다. 마치 교또(京都)는 옛도읍이라고 하는 문화와 이미지로 외국인 관광객을 끌어들이는 것과도 일맥상통한다.

소매점이나 도매상의 경우도, 경합자에 비해 이른바 상권 내의
수요가 꽤 있다고 하는 조건(흡인력이 있다고 하는 것)을 충족시
켰을 때, 그리고 어떤 상품은 어떤 가게가 최고라고 하는 조건을
하나라도 가졌을 때, 반드시 손님이나 거래선을 끌어들일 수
있는 것이다.

② 통합화 할 것

최고 상품이 하나 이상 있고 여러가지 다양한 상품을 구비하고
있는 것을 통합화라고 한다. 최고 상품이 하나도 없고 여러가지
상품을 구비하고 있는 것을 '만물상점'이라고 하는데, 통합화는
고객들을 완벽하게 끌어들인다. 그러나 만물상점들은 공급 부족
인 때는 몰라도 보통의 경우에, 전연이라고 해도 좋을 만큼 끌어
들이는 힘이 약하다.

이같은 최고화(最高化)와 종합화를 경영상 이익과의 관계에서
나는 몇년 전에 규격화 했는데, 그것은 다음과 같은 규격이다.
(졸저《80년대 번영의 전략》일본경제신문사 발행, 71~73쪽
참조).

"경영에 있어서 중요한 것은 이익을 올리는 것과 성장하는
것이다. 수익은 최고(일등)일 때 오르지만 성장하면 더욱 수익
이 상승된다. 성장하기 위해서는 취급하는 물품이나 기능을 늘리
는 것이 좋다. 이것이 통합화인데, 최고 상품수 × 취급품수에
따라 이익금은 비례하는 것 같다."

이와 같이 만든 나의 가설을 일반적으로 '후나이식 발전 가
설'이라고 부르는데 경영 환경이 어렵게 되면 될수록, 발전 가설
이 발전 및 현실화 되는 듯하다.

이 '후나이식 발전 가설'이 표 16이다. 해설은 필요없을 것이라

〈도표 16〉 후나이식 발전가설(發展假說)

취급상품의 수 (취급기능의수)	1등상품의 수 (일등기능의수)	이 익 (α는정수)
1	0	0
1	1	α
2	0	0
2	1	2α
2	2	4α
3	0	0
3	1	3α
3	2	6α
3	3	9α
⋮	⋮	⋮
m	n	mnα

고 생각하지만, 이익은 통합화에서 증가되는 하나의 증명이다. 그것은 또 통합화가 끌어들이는 노하우라는 것의 증명이기도 하다.

③ 통일성과 타인이 이해할 수 있는 주장을 가질 것

한 점포에서 매상이나 매출이익금을 높이기 위해서는 점포 안에서도 가장 효과적인 매상이나 매출이익을 올리고 있는 매장의 이미지든가 물품의 구비 방법, 가격 범위, 고객층 등을 조사하고 다른 매장에도 그것에 맞추어 점포 안을 통일시키는 것이 바람직하다.

이 통일성을 일종의 최고 만들기라고 할 수 있을지도 모르지만 하나의 주장이라고도 할 수 있다. 통일된 주장이란 일반적으로 정합성(整合性)을 만들기 때문에 사람을 이해시킬 수 있는 것이다. 인간이란 이해때문에 사는 보람을 느끼고 있는 동물이므로 통일성이 나타나면 즉시 가게 같은 데서는 손님의 수가 증가된다. 분명히 말해서 통일성은 완벽한 흡인력이 된다고 하는 것이다. 따라서 통합화의 핵심은 최고 상품을 갖는 것과 다른 상품을 최고 상품과 조화시켜 통일시키는 것이라고는 할 수 있다.

그런데 이 주장과 통일성의 귀착점은 '포용성(包容性)'이라고 하는 방법에 의해서다.

나는 '포용성이야말로 최선의 전략이다'라고 흔히 말하는데, 핀에서 송곳까지 또 경합자의 모든 취급 품목을 포함시켜도 거기에는 주장이 있고 이해하기 쉬우며, 더구나 경합자도 포용하는 것이므로 그 결과는 이 세상의 존재 원리와 자연스럽게 따르는 것이 되므로 완전한 통일성이 나오는 것이다.

'후나이식은 절대로 경쟁에 강하다'고들 흔히 말한다. 이것은 '끌어들이는 것'에 있어서도 절대로 남에게 뒤떨어지지 않는 노하우라고 하는 것인데, 그 노하우의 귀착점은 '후나이식이 정면적(正面的)인 포용방법' 즉, 정공법이며 자연스런 포용법인 것이다.

나의 많은 저서에는 포용성의 노하우가 들어 있다. 그 중에서도 《후나이식 경영법》《후나이식 경쟁법》《포용성의 발상》《유통혁명의 진실》에는 정리하여 기술했다. 이것을 읽고 부디 이 최선의 노하우를 사람을 끌어당기기 위해 기억해 주기 바란다.

④ 활기찬 성품과 온화함을 자아낼 것

사람을 끌어당기기 위해서는 물리적으로 활기찬 성질, 심리적으로는 온화함이 필요하게 된다.

도시에 사람들이 모여 드는 것은, 생활방법이 있다든가, 사람이 많으므로 그 만큼 즐거움이 있다고 하는 것 이외에도 활기찬 분위기가 있기 때문이라고 할 수 있다.

물론 사람 가운데도 예의가 있고 활기찬 것을 견딜 수 없을 만큼 싫어하는 사람도 있지만, 심리 테스트를 하면 사람들은 거의 100 % 어두운 곳보다는 밝은 곳을 좋아하고 적적한 곳보다도 떠들썩한 곳을 좋아한다.

또, 심리적으로는 따뜻함이 사람을 끌어들이고 차가움은 사람을 멀리 하게 한다. 이것은 따뜻한 성품이 사람을 불러들이고 차가운 성격이 고립화를 강화한다고 하는 성격상의 문제와도 관계 있지만 하나의 진리이기도 하다.

실례를 들어 보겠다. 몇 년 전까지 나의 집 응접실은 좁고 어수선했었다. 거기에 난색계(暖色系)의 양탄자·거튼·응접세트를 두고 벽에는 많은 인물화를 장식했으며 공간은 따뜻한 느낌을 주는 빛깔의 항아리든가 장식품으로 메울 정도였다. 그런데, 이 방은 어찌 된 셈인지 완전히 방문객에게 인기가 있었던 것이다. 이 방에 들어와 앉으면 손님이 좀처럼 돌아가지 않는다. 보통 2~3시간은 있게 되고, 몇 번이고 찾아온다. 그것은 즐거운 일이기는 하지만 어느 날 가구 배치를 변경시켜 보았다. 이번에는 응접실 크기를 2배로 넓혀 보았다. 동시에 양탄자·커튼·응접세트를 모두 한색(寒色)의 것으로 바꾸었다. 벽면에도 차가운 느낌을 주는 풍경화를 3점 걸었는데, 참으로 산뜻했다. 그뿐만 아니라, 벽면도 좁은 응접실 때에는 벚꽃나무를 발랐던 것을 이번에는 거의 새하얀 무색 계통의 천으로 된 것으로 바꾸어 보았다. 그 뒤부터는 어떤 손님이 오더라도 기껏해야 30분도 머물러 있지 않고 모두들 일찌감치 돌아가게 되었던 것이다.

볼 일이 있어서 몇번 찾아오는 사람들도 응접실보다는 난색계통의 방안을 좋아하게 되고, 어수선하고 시끄러운 식사하는 방으로 찾아들게 되었던 것이다. 재미있다고 생각되어 다시 한번 응접실의 배치를 바꾸어 보았다.

지금 우리 집의 응접실은 약 20평방미터. 어느 쪽인가 하면 분위기는 난색계로 활기가 있는 것이지만, 응접세트와 거튼만은 한색(寒色)이다. 그러면서도 너무 차지 않도록 액세서리에 신경을 썼다. 여기에서 방문객이 머무르는 시간은 평균 40분 정도가 되었는데, 분위기에 무리가 없고 그렇다고 해서 용건만으로 끝나지 않는 정도가 되었다.

재미있는 일이지만, 남을 끌어들이기 위해서는 여기에서도 알 수 있듯이, 어느정도 활기가 따뜻함을 갖지 않으면 안된다는 것을 알게 되었으리라고 믿는다.

⑤ 인간적으로 친숙할 것

예컨데, 소비자는 손님으로서도 소매점에는 결코 기쁜 마음으로 가는 것이 아니라는 것을 이미 제1장에서 말한 바 있다. 이것은 가게에 오는 손님의 표정을 보면 분명히 알 수 있다. 인간은 거짓말은 할 수 있어도 자기의 표정(마음)을 결코 숨길 수 없는 동물이다. 행락지대에서 놀고 있는 사람의 90%, 가정에 있는 사람의 90%이상, 거리에 걷고 있는 사람의 30% 정도는 즐거운 듯한 표정을 하고 있으나, 소매점에서는 10% 정도의 사람밖에 즐거운 듯한 표정을 하고 있지 않다. 이 10%의 사람들은 젊은 커플이거나 가게 종업원과 특히 친한 관계인 사람들뿐이라고 하는 것은 항상 조사에서 나오는 통계이다.

가게 종업원과 친하면 편안하고 즐거운 마음으로 가게에 온다고 하는 것은 인간적으로 친해지면 끌어들일 수도 있다는 것이 된다. 사실, 심리학자들은 '최고의 흡인력은 인간적인 친밀성'이라고 주장하고 있다.

가족을 만나고 싶어서, 혹은 연인을 만나기 위해서라는 이유로 먼 곳에서 찾아오거나 무리를 하거나 하는 것은 누구나 일상생활에서 경험하고 있는 일이다.

손님이나 거래처와 친해질 것. 더구나 인간적으로 개인 대 개인으로 친해지는 것이 가장 흡인력 있는 효율적 방법이라는 것을 알고 노력하기 바란다. 이 점에 관해서는 다음의 '단기 대응책·2'에서 좀 더 자세하게 설명하고자 한다.

어쨌든 유통기업이거나 아니거나 기업은 계속 돈을 버는 것이 하나의 사명이다. 그를 위해서 무엇보다도 먼저 끌어당기는 일에 전력 투구해 보자……라고 제언하고 싶다.

2) 단기 대응책·2 —— 이익을 추구하고, 미래를 위한 고정화· 밀착화를 진행할 것

물질적으로 사양기가 되거나 정보화 시대가 되어도, 손님을 고정화(固定化) 하고 밀착화(密着化) 해 두면 하이터치 방식의 시스템만으로 어떤 수준까지는 충분히 규모를 확대할 수 있고 가업이나 생업이라면 충분히 경영이 가능하다는 것을 이미 말해 왔다.

아마도 앞으로의 장사에 있어서, 가장 현명하고 효율적인 것은 손님이나 거래처와 인간적으로 밀착되고 그리고 고정화 되는 것이리라. 그러기 위해서는 손님이나 거래처에 대해 최고로 가깝게 대응하지 않으면 안되는데, 이것은 노력으로 해결할 수 있다.

어쨌든 손님이나 거래처라도 불특정한 관계로 있는 것보다는 특정한 관계를 지속하는 편이 훨씬 효율적이고 돈도 벌게 되는 시대가 왔다. 또 그것을 누구나가 바라고 있는 것이다.

나의 경영 철학에 큰 영향을 준 고이즈미 이베에(小泉一兵衛)씨는,

'장사라고 하는 점에서 보면 불특정 고객 1명을 10엔의 가치라고 한다면, 친분있는 손님은 1명으로 10만엔의 가치, 친구 손님은 1명으로 100만엔, 믿을 수 있는 손님은 1억엔의 가치가 있어요.' 라고 가르쳐 주었다.

아는 사람이란 서로 얼굴과 이름을 알고 있는 관계이고, 친구란 이름과 얼굴 이외에 버릇이든가 전화번호 정도를 서로 가르쳐 주어서 전화로 서로 무관한 이야기를 할 수 있는 관계를 가리킨다.

또 믿는 손님이라고 하는 것은 보통 부부의 관계와 같이, 상대를 절대로 신용하고 서로 도와주는 관계인데, 가게와 손님의 입장에서 말한다면, 그 가게에서 팔고 있는 상품은 특별한 경우 이외에는 다른 가게에서 사지 않는 인간관계를 가리킨다고 할 수 있다.

나와 친한 여성 의류품 소매점에 '친칠라'라고 하는 가게가 있다. 주인 쓰지기 레이꼬(土岐玲子)씨가 3명의 종업원과 같이 요꼬하마(橫浜)의 도쓰카의 상점가 변두리에서 20평방미터 정도의 작은 가게를 경영하고 있다. 점포 위치는 결코 좋지않다. 오히려 나쁘다고 하는 쪽이 맞는다.

이 가게 친칠라에서는 지난 해 약 1억 5천만엔, 금년에는 2억엔 정도 매상을 올릴 것 같다. 보통이라면 1500만엔 이상은 아무리 노력해도 무리하다고 여겨지는 입지와 규모이므로, 이 업적은 굉장하다. 물론 점포 이미지가 높은 고급 전문점이다.

이런 좋은 성적의 비결은 무엇일까? 주인 쓰지기(土岐) 씨는 '고정객이 650명이나 계십니다. 그 분들이 기쁘시도록 열심히 노력하고 있습니다.'라고 말하고 있는데 계속 돈을 벌기 위해서나 장래를 위해서도 '친칠라' 스타일로 고정화·밀착화를 진행시키는 것이 최선의 방법일 것이다. 이것이야말로 곧 착수해 주었으면 하는 바램이다.

3) 단기 대응책·3——철저한 의욕을 가지고 살아남기 위해 전원 경영에 참여한다

재미있는 일이지만, 3~4년 전부터 일본에는 상당히 TQC붐이 찾아왔다고 나는 생각한다. 지금 어디를 가나 TQC라고 하는 말을 모르는 기업인은 없을 정도로 이 말은 보급 되었다. 그것만 으로도 알 수 있듯이 각 기업이 기업 활성화의 구세주와 같이 TQC에 매달렸던 것이다. 그 점은 유통업계에서도 똑같다.

그런데 TQC라고 하는 것은 토털 퀄리티 컨트럴(Total Quality Control)의 약자로, 전사적(全社的) 혹은 통합적 품질관리라고 하는 것이다. 유통업의 TQC에 대해, 가장 잘 연구하고 있는 분 중 한 사람인 경영 컨설턴트 야마구찌 유카다(山口裕)씨는 다음 과 같이 말하고 있다.

"TQC의 정의에는 여러가지가 있다. 그 가운데서도 가장 알기 쉬운 것이 파이겜바 움의 정의이다. 즉 'TQC란 소비자를 완전히 만족시키기 위해 가장 경제적인 수준에서 생산하고 서비스할 수 있도록 사내 각 관련 부서의 품질 개발, 품질 유지 및 품질 개선의 노력을 완성하기 위한 효과적 시스템이다'라는 것이다. 이 정의에서 '생산하고'의 문자를 지워버리고 또한 '품질'의 뜻을 '업무의 질'로서 해석하면 유통업계에서도 전혀 위화감없이 받아 들일 수 있음을 알 수 있을 것이다."(그의 저서《유통업의 TQC 독본》).

이 TQC와 같이, 유통업계에서 4~5년 전부터 잘 알려진 것이 리뉴얼·리모델이다. 리뉴얼의 리, 리모델의 리는 모두 영어의 Re—를 말하며 '다시…… 개선한다'고 하는 뜻이 다. 리뉴얼은

'다시 새롭게 개선한다'는 것이고, 리모델은 '다시 현대식으로 개선한다'라는 뜻이다.

말하자면 '상품이나 가게도 손님의 요망에 부응할 수 있도록 새롭게 개선한다'는 것인데, 마쓰야(松屋)의 긴자(銀座) 점포 리뉴얼을 계기로 백화점이나 양판점에서 활성화의 최대 수법이 되었고, 이것이 유행이 되었다고 해도 좋을 것이다.

어쨌든 현재 많은 유통기업들은 활성화를 위해 TQC나 리뉴얼에 착수했거나, 나서고 있다고 말할 수 있을 정도이다. 그러나 이 두가지 모두 많은 기업에서는 현재 구세주는 아니다. 리뉴얼·리모델의 대부분은 경영 사이드에서 보면 완전한 실패이고 TQC에의 평판도 매우 나쁜 곳이 많다. 그러나 개중에는 멋지게 성공한 것도 있다.

이같은 이유를 조사에서 알 수 있는 것은, 이미 사양기에 들어서 있는 유통업계, 이른바 경영 환경이 악화된 소비재 업계에서는 전 종업원이나 손님과 거래처가 전원 일치로 납득 못하고 있으므로 착수하더라도 성공할 수 없다고 하는 것이다. 그렇다고 해서 기업측이, 직접 손님이나 거래처를 교육시킬 수 있는 입장도 아니다. 여기에서 한 기업과 손님이나 거래처라고 하는 두가지로 나누어서 생각해 보자. 적어도 한 기업과 경영에 있어서, 능동적인 것이 기업쪽이므로 그 업적의 전 책임은 기업 자체에 있다고 할 수 있다. 따라서 기업 사이드에서는, 손님이나 거래처가 완전히 이해하도록 , 즉 자기 기업 종업원들이 손님과 거래처의 의향과 함께 전원일치로 의욕을 갖는 방법을 생각하지 않으면 업적 향상의 구세주가 될 수 없다.

그 때문에 나의 회사=일본 마케팅센터에서는 유통업계를 위해 구세주가 되는 방법의 개발 팀을 만들어 보았던 것이다. 1980년의 일인데, 이 팀에게 아드마스(ADMAS) 팀이라고 하는

196

〈표 17〉 아드마스(ADMAS)의 체계

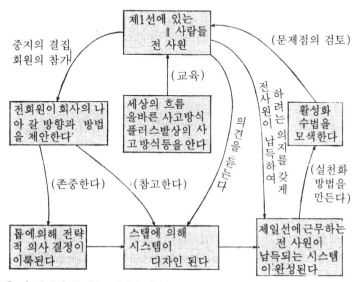

① 이 체계의 특질은, 맨처음이 제1선의 사람들=전 사원의 전원 참가에 의한 중지(衆智) 결집에서부터 시작하는 것이다.

② ADMAS＝Analysis and Development Methods of Advanced Strategy.

이름을 붙였다. 아드마스란 Analysis Development Methods of Advanced Strategy의 머리글자를 딴 것으로 '장래 전략을 위한 분석·개발 방법'이라고 하는 뜻이다.

그 상세한 것은 나의 회사 아드마스 팀에 문의하면 되고, 그 체계는 졸저《백화점에 대한 제언》(스토어즈사 발행) 165~170쪽에 소개했다. 참고하기 바란다.

그와 동시에, 내가 고문으로 있는 기업인 10여개 회사들은 1981년 중반 경부터 아드마스를 채용해 주었다. 그들은 연간 100~1000억엔 정도의 중견 기업인데 메이커·도매·소매 등 각종 기업들이다.

업종도 의류·식품·가전·잡화 등 매우 다양하지만, 놀랍게도 이 불황기에 이들 기업에서는 평균적으로 전년비 30%나 이익을 증가시켰던 것이다.

그 덕분에 바야흐로 유통업계에서는 아드마스(ADMAS)라고 하는 말이 유명해졌는데, 그 체계를 알기 쉽게 설명하면 표17과 같이 된다.

이 아드마스가 성공한 것은, 그 출발부터 바른 세상의 흐름을 교육받았고 충분히 이해한 전 사원의 참가에 의한 중지(衆智) 결집에서 시작되었으며 완전히 납득된 모든 사원이 활성화 되었기 때문이다. 이러한 체계에 구애받지 않아도 좋지만, 지금 필요한 것은 살아남기 위해서 의욕을 가지고 전원이 경영에 참여하는 것이다. 작년도는 업적이 나빠 '유니'와의 합병문제로 화제를 제공한 '니치이'가 금년에 들어와서부터 업적을 급속도로 회복시키고 있다. 위기감이 의욕과 연결되었기 때문이지만, 하려는 마음만으로도 한 시기는 업적이 향상되는 것이다.

그것을 영속시키기 위해서도 전원 경영, 중지(衆智) 경영에 부디 참여해 주기를 바라는 것이다.

4) 중기 대응책·1——스토어리스, 캐시리스 그리고 고객과의 인간적 밀착에 노력할 것

스토어리스, 캐시리스 없이 앞으로의 유통업계를 생각할 수 없다는 것은 이미 말한 바 있다. 여기까지 읽은 독자들은, 일본에서 스토어리스 시스템의 주체가 통신판매나 카탈로그 판매, 또는 텔레마케팅이 아니라 인간적 밀착형인 가정 배달 형식이 될 것이라는 것을 이해할 수 있을 것이다. 이 인간적 밀착에 관해서도 이미 말했다.

여기서 말하고 싶은 것은, 지금부터 여기에 매달리지 않으면 장차 스스로 착수한다고 하더라도 그 실행이 늦어지게 되고 더구나 대응책을 세울 수 없게 된다고 하는 것이다.

다만 스토어리스와 캐시리스도 공업화 사회의 노하우나 시스템이 아니라 정보화 사회의 노하우이고 시스템이다. 그것은 공업화 사회와는 완전히 위상차(位相差)가 있는 것이다.

또, 그것은 착상만으로 해결되거나 실천할 수 있는 것이 아니라는 것도 충분히 이해하기 바란다. 하루라도 빠를수록, 한 사람이라도 많은 전문가의 중지결합이 있을수록 정보화 사회의 노하우나 시스템은 절대적으로 유리한 것이다.

정보화 사회에서는 아무리 자본이 있더라도, 또 서둘러서 우수한 사람들을 많이 결집시켜도 그것만 가지고는 기능을 발휘하지 못한다. 거기서는 시간, 축적된 경험, 많은 동료들이 무엇보다도 필요한 조건이고 그것에 의한 사회적인 시스템이라는 것을 지금부터 충분히 알아 두기 바란다.

5) 중기 대응책·2──수직·수평적인 관계도 운명 공동체적으로 행동하지 않으면 성공이 어렵고, 낙오되지 않도록 대응하자

메이커·도매·소매·소비자의 4가지 시장에서, 소비재 업계가 사양기로 들어섰을 때는 이들 시장을 기능적으로 일체화 시키지 않으면 안된다. 이것을 알기 쉽게 말하면, 장래의 소매점은 도매 기능과 메이커 기능을 갖거나 운명 공동체가 되는 도매상이나 메이커와 수직적(垂直的)인 연합체를 만들지 않으면 안된다는 것이 되고, 메이커나 도매상도 각각 메이커 기능, 도매 기능을 갖는 동시에 스스로 소매업에 참여하든가, 운명 공동체는 소매점과 수직적 연합체를 만들지 않으면 안된다는 것이다.

이것에 관해서는 이미 제1장에서 상세하게 설명했다.

또 이와 함께 제대로 살아 남으려고 한다면, 전국 네트의 수평적(水平的)인 동업태 사이, 동업종 사이의 운명공동체를 전국적인 정보 통신 네트워크 그룹 구성의 전단계로서 만들어야 될 가능성이 많다.

왜냐하면 정보화 사회의 노하우나 시스템은 순서를 무시한 비약이 매우 어렵기 때문이다.

이러한 점에서 보면, 멀지 않아 운명 공동체적 행동은 수직적인 그룹에서뿐만아니라, 수평적 그룹에서도 필요하게 되리라고 생각한다. 이제부터는 동료의식을 가지고 움직이는 시대이다.

혼자서 독불장군으로 산다는 것은 상당한 힘이 없으면 어려운 시대가 될 것 같다. 그러므로, 지금부터는 이런 흐름에 뒤처져 손해를 보지 않도록 자기 체질이나 동료가 될 수 있는 상대편 체질을 알기 위해 연구회나 친목회를 갖는 등의 대응책을 세우지 않으면 안될 것이다. 이점에 대하여는 이미 시간적 여유가 별로 없는 것 같다.

6) 중기 대응책 · 3——인재 투자, 인재 육성 시스템을 만들자

새로운 시대가 빠른 스피드로 다가 온다. 스토어리스, 캐시리스거나 정보화 사회만 하더라도 이제까지의 상식과는 상당히 거리가 먼 사회이고 시대이다.

유통업이 시대적으로 앞서 가야 되고, 리더가 되지 않으면 안 되는 것은 그 업태적 특성에서 피할 수 없다. 아니 그 보다도 반가운 일이라고 할 수 있을 것이다.

그렇기는 하지만, 유통업의 단점은 인재 부족이라고 하는 것이다. 현재 유통 기업체가 대졸자들의 취업 희망처로서 톱 클라스는 아니다.

또 신입 사원을 인재로 양성하기 위한 교육적인 스피드와 태세도 결코 훌륭한 것은 아니다.

새로운 시대가 유통업에 의하여 발전될 가능성이 큰 이상, 이제야말로 서둘러서 인재 육성을 위한 시스템을 만들어야 할 것이다.

회사의 경우, 그 경영 목적은 크게 보아 수익성과 교육성의 추구에 있다. 교육이라는 것은 인간의 특성을 이끌어 내는 것이므로, 교육성의 추구라고 하면 인간성을 높이는 것이 된다. 더구나 인간성이 높아지면 수익성도 동시에 추구할 수 있는 것으로 알려져 있다.

인간성이란 다른 동물에 비해 사람만이 가진 특성인데, 그것은 ① 사용하면 사용할수록 좋아지는 머리를 가지고 있다는 것 ② 의지나 이성이 있다는 것, 따라서 좋다고 생각하는 것을 실천할 수 있고 나쁘다고 생각하는 것을 중지할 수 있다는 것. 또 논리적인 사고가 가능하다는 것. ③ 생각하는 능력이 있고 보통의 경우, 생각하는 것을 실천한다는 것. 따라서 좋은 것을 생각하면 좋게 되고, 나쁜 것을 생각하면 나쁘게 된다는 것. ④ 훈련하고 교육하면 장래성을 갖게 된다는 것. 소위 인텔렉트(지성적) 능력이 있고 이것이 육감이나 지혜·선견성(先見性)·통찰력과 결부된다는 것. ⑤ 이들 능력이 좋은 쪽으로 개화(開化)됨에 따라서 일반적으로 이타애(利他愛) 정신이 강해지고 마크로(거시)적으로 착하게 보는 사고와 행동을 할 수 있게 된다는 것…… 등이라고 해도 좋다.

이것들을 유통업계에서는 아직껏 기업내 교육체계로서 완성되지 못하고 서로 만들어 놓지 않았다.

그뿐만 아니라, 낡은 조직 개념에 따른 교육 체계가 남아 있으므로 지금과는 다른 새 시대에는 대응할 수 없게 되어 있다. 예를 들면, 이제까지의 조직 개념에서 볼 때, 일반 사원들의 창조성이라고 하는 것이 미덕(美德)은 아니었다.

전쟁의 경우, 지휘하는 장군이나 참모까지는 창조성이 필요하지만, 특히 자진하여 하사관이나 졸병 각자가 여러가지 아이디어를 내놓고, 장군을 비판하면서 자기 생각대로 움직이기 시작하면 전쟁은 절대로 패하고 말 것이다.

따라서 조직체라고 하는 것은 논리적인 것이고 명령·지휘·통제를 중심으로 구성되어 있으므로 부하들의 창조성이나 일반 구성원의 창조성이라고 하는 것은 미덕이 아니었다.

그러나 앞으로의 격동 시대에서는, 세계적 변화를 이제까지와 같은 최고경영자와 그 스탭 중심의 로지컬한 패턴만으로 정리할 수 없게 되고, 부하의 창조성이나 일반 구성원의 육감도 충분히 살리지 않으면 안되게 된 것이다. 왜냐하면, 앞으로의 시대에서는 지적 수준이 높고 자유와 평등 그리고 풍요성 등 인간성에 눈뜬 대중이 대상이고, 이들이 조직 내에서는 부하나 일반 구성원이 되기 때문이라고 말해 두자.

그들의 창조성이나 육감까지 너그럽게 수용할 필요가 있는데, 기업이나 조직 내에서 대립과 갈등이 있을 경우는 얼마든지 백가쟁명(百家爭鳴)시키면서, 그들의 의견을 포용(包容)하는 새로운 조직 이론을 만들고 그것에 맞는 교육체계를 만들지 않으면 안되는 것이다. 그러기 위해서는 현재로서 ADMAS가 가장 적절하며 TQC가 인기를 얻고 있다는 점을 이해하기 바란다.

한가지 실례를 들겠다.

경제동우회(經濟同友會)가 발표한 '그룹 80년 연구 자료'에

〈표18〉 맹렬형 인간

회사생활	•플로오(floor)형
	① 일에 쫓기면 실력을 100% 활용하는 타입이다(일과 함께 소모된다. 회사가 돌봐주지 않으면 원망하는 말을 한다. 결국 어리광이 있다).
	② 일과 인간관계에 사명감을 가지고 노력한다. 맹렬하면서도 사실은 패시브(passive)적이다.
	③ 시간의 이용방법에 연구가 없다(불필요한 교제, 잔업(殘業), 마작에도 매우 관심이 있다).
	④ 직업적인 수단으로서의 인간에 대하여 관심을 갖기 때문에 인맥(人脈)이 좁고 정보도 일방적이기 쉽다.
	⑤ 부하와 후배는 맹렬하게 존경하지만 그런 인간이 되려는 생각은 없다.
개인생활	•단기 방전형(短期放電型)
	① 시간을 단기적인 스케일로 보기 때문에 개인의 시간과 목표가 뚜렷하지 않다.
	② 자기 계발(啓發)을 하려고 생각하지만 생각처럼 되지 않는다.
	③ Change of Pace가 되지 않는다. 놀고 있는듯 하면서도 노는 것도 아니다.
	④ 회사외의 인간과의 교제가 드물다.
	⑤ 가정적인 서비스, 단란한 가정 분위기가 없다, 일에만 몰두하며 가정을 희생시킨다.

의하면 1980년대의 일본을 지탱한 것은 과거의 '맹렬형 인간'을 대신하여, 새 맹렬형 인간이라고 하고, 그 패턴(유형)을 회사생활과 개인생활로 분리시켜서 분석하고 있다.

그것에 따르면, 맹렬형 인간이라고 하는 것은 회사생활에서는 플로오형이고, 개인생활에서는 단기방전형(短期放電型)이 되며 표 18과 같이 설명되어 있다.

그리고, 이제부터의 패턴인 신맹렬형 인간은, 회사생활에서 플로스톡형이고 개인생활에서는 장기(長期) 충전형(充電型)일 것이라면 표 19와 같이 각각의 타이프를 설명하고 있다.

시대는 변하고 있다. 변화에 맞추어 지금이야말로 인재 투자,
인재 육성 시스템을 만들지 않으면 안된다.

〈표19〉 신맹렬형 인간

회사 생활	• 플로오(floor)형
	① 일을 완전히 자기것으로 만들어 버림으로 끝난 뒤에도 저장된 실력이 남는 타입.
	② 인간관계와 직업에도 물론 사명감을 갖지만, 자신의 인생을 즐기는 방향으로 자기 시간을 투여하는 스탠스(stance)를 가지고 있다.
	③ 시간의 사용방법에도 연구를 경주한다(불필요한 교제나 잔업, 마작같은 것에는 적절하게 결단내리는 용기가 있다).
	④ 인간 그 자체에 관심이 있으므로 풍부한 인맥과 허테로(hetero : 이질적)의 정보가 육성된다.
	⑤ 부하와 후배는 그의 맹렬성 속에서 그 나름대로의 something (인간)을 느낀다.
개인 생활	• 장기 충전형
	① 시간을 장기적인 스케일로 보고 아무리 작은 시간도 개인적으로 활용 가능한 장기 전략을 가지고 조절한다.
	② 자기 생활속에 자기 계발(啓發)적인 습관을 항상 갖도록 노력한다.
	③ Change of Pace를 귀중하게 생각한다(예를 들면, 자기에게 있어서 심신(心身)·발상(發想)의 전환에 필요한 것은 무엇이나 좋다).
	④ 인간을 즐겁게 엔조이하므로 회사 밖에서도 다양한 교제가 많다.
	⑤ 바쁜 중에서도 가정 서비스와 단란한 분위기를 위해 노력한다. 평소에 일과 가정을 구별하지만 결정적일 때는 집에서도 회사일을 가지고 와서 처리한다.

7) 장기 대응책 · 1 ── 다가 오는 시대의 하이테크 · 하이터치 일체화 시스템을 배경으로 한 전국적인 정보 통신 네트워크와 그룹을 연구하자

빠르면 지금으로부터 10년 뒤, 늦어도 20년 뒤에는 완전히 정보화 사회가 될 것이다. 따라서 그 때는 신유통혁명도 궤도에 올라 있겠지만, 그 때의 결정적인 승부, 즉 제대로 살아남을 수 있는 길은 하이테크 · 하이터치 일체화 시스템을 배경으로 한 전국적인 정보 통신 네트워크 그룹에 능숙하게 가입하는 일일 것이다. 이것에 관해서는 제2장에서 상세히 말했다.

자기 회사나 자기의 체질에 비교하여, 어떤 기업이 장차 전국적 정보 통신 네트워크 그룹을 만들고, 주도권을 잡을까를 연구하기 시작하지 않으면 안될 것이다. 지금부터 대응책을 세워도 결코 늦지는 않는다고 나는 말하고 싶다. 왜냐하면 이미 지금이라도 앞을 대강 읽을 수 있기 때문이다.

8) 장기 대응책 · 2 ── 최종 도달계 지향을 방침으로 삼자

최근 몇 년 동안을 보더라도 여러가지 업태가 일본의 유통업계에도 생겼다. 컨비니언스 스토어, 디스카운터, 박스 스토어 등을 주로 많은 새 업태가 소매업에 나타났는데 앞으로도 여러가지가 생길 것이다. 이것은 미국에서도 마찬가지인 듯하다. 이를테면 《체인 스토어 에이지 83년도 익제큐티브(Executive) 판》을 보더라도, 지금 미국의 슈퍼마켓 경영자의 최대 테마는 다음의 4가지라고 한다.

① 조직 능력과 하려는 의욕의 향상

② 새 기술의 개발(에너지 관리, 자동 재고 보충 등)

③ 매출 이익의 확대(상품 믹스의 변경)

④ 새 업태점에의 개발(특히 대형점)

새 업태뿐 아니라 새 장사법과 새 조직도 시류에 맞춰 계속 개발될 것이다. 그러나 정보화 사회라는 것이 문화적 낭비는 좋지만, 물질적이나 인적 낭비는 철저하게 필요없는 사회이다. 낭비의 노하우나 시스템은 크게 마이너스가 될지언정 거의 플러스가 되지 않는 사회라고 생각해도 좋다.

더구나 유통업계의 주요 취급 상품인 소비재는, 앞으로 사양기에서 안정기로 갈 것으로 예측된다. 거기서는 으뜸인 것을 포함하여 최종 도달계 이외의 상품·업태·장사법 등은 낭비가 될 가능성이 매우 크다. 알기 쉽게 말한다면, 이것은 세상이 상당히 변해도 성립될 것이고, 그 방향으로 나아가는 것이다…… 라고 하는 것이 최종 도달계 지향이라고 할 수 있다. 이 한계에서 벗어나지 않도록 이것을 부디 앞으로의 방침으로 삼아 주었으면 좋겠다.

9) 장기 대응책·3──정보화 기업이 될 준비를 하자

정보화 사회가 온다는 것은 틀림없다고 하더라도, 정보화 기업이 어떠한 것인지를 나는 아직 자신있게 단언할 수 없다. 그러나 내가 고문을 맡고 있는 대형 유통기업은 지금 살아남기 위해서 다음과 같은 4가지의 새 전략을 내놓고 있다.

그것은 ① 정보회로, 통신 회로를 만들고, ② 동료·손님의 그룹화 및 고정화 ③ 최종 도달계형 위상차 만들기 ④ 문화적 낭비의 플러스화(化) 작전이다.

이것들은 그대로 곧 기업의 정보화 시대에의 대응책, 정보화 기업으로의 방향이라고 해도 좋을 것이다.

다음은 나의 최신 저서 《후나이 유끼오의 신경영혁명》(198
3년 1월, PHP연구소 발행)에 실린 글로서 독자에게 크나 큰 영향
을 불러일으킨 부분이다. 이 책에서 이제까지 설명한 것과 일부
중복되지만, 정리되어 있으므로 어떤 것인가 하는 판단 재료로서
참고하기 바란다.

• 대형 유통기업이 내놓은 4가지의 새 전략이란?

대형 유통기업 가운데서 톱클래스의 기업은 지금 살아남기
위해서 ① 정보회로, 통신회로 만들기 ② 동료·손님의 그룹
화·고정화 ③ 최종 도달계형 위상차 만들기 ④ 문화적 낭비의
플러스화 작전 등에 손을 대기 시작하고 있다. 여기에 대한 자세
한 것은 언젠가 다른 저서에서 말할 예정이지만, 좀 간단히 설명
해 보겠다. 이것들은 그대로 기업의 정보화 시대에의 대응책이라
고 해도 좋을 것이다.

더구나 대중 개개인을 상대하지 않으면 안되는 사회가 정보화
시대이고, 대형 소매업이 장사에서도 끊임없이 대중과 밀착해
있으므로 가장 유리하다는 것은 말할 나위도 없다.

새로운 시대, 정보화 시대의 리더쉽을 잡을 것이라고 생각되는
지금의 대형 유통기업, 특히 대형 소매기업의 새 전략에 주목할
필요가 있다.

분명히 말해서 변화의 시대는, 연구하고 시류에 맞추며 공격형
경영자가 있는 기업, 더구나 계속 신장해 온 기업 집단을 가진
산업그룹이 압도적으로 유리한 것이다.

좀 호의적인 눈으로 보는 점도 있지만, 내가 대형 유통기업이
리더십을 잡을 것이라고 추정하는 이유이다.

여기에서, 아직 약간의 기업군이기는 하지만, 대형 유통기업

가운데 톱클래스의 기업이 지금 살아남기 위해 그리고 새로운 시대＝정보화 시대에 대처하기 위해 손을 대기 시작한 4가지 작전에 관하여 대형 소매기업을 예로 들어 좀 설명해 보겠다.

① 정보회로 · 통신회로 만들기

미국의 CIA는 아니지만, 앞으로의 세계 전략의 3대 무기는 '정보와 에너지, 그리고 식량이다'라는 말이 있다. 혹은 '21세기는 정보와 새 에너지의 세기다'라고도 한다. 어쨌든 앞으로는 정보를 장악하는 자가 세상을 제압한다고 단언해도 좋을 것이다.

그런데, 정보는 우선 인맥(人脈)으로부터 들어온다. 그러므로 정보회로는 바로 인맥회로 만들기 부터라고 해도 좋을 것이다.

이를테면 백화점 업계에서는 지금 긴자(銀座)와 유라꾸조(有樂町) 전쟁이 화제가 되고 있다. 기존의 마쓰야(松屋) · 미쓰고시(三越) · 마쓰사카야(松板屋) · 소고의 4 백화점에 대해 니시다께(西武) · 쁘 랭땅 · 한큐(阪急)가 새로 진출하는 것이 결정되었다. 이 가운데서 화제를 휩쓴 것은 전 아사히신문사 사옥을 둘러싼 '소고'와 '니스다께'의 각축이다.

결국 니시다께의 진출이 결정되었지만 그것은 멋진 정보전이고, 인맥전쟁이었다고한다. 이를테면 양사는 이곳으로의 진출을 위해 모든 정당의 동원을 꾀하였으나, 단 하나 공산당에 대해서 '소고'가 한발 늦었기 때문에 '니시다께'로 결정된 것이라고 그럴 듯하게 말이 떠돌고 있을 정도이다.

이것들은 업계 참새의 소문이지만, 이러한 소문이 나도는 것은 이 업계가 정보전이나 인맥전에 지금 참으로 진지하게 참여하고 있다는 것의 증거라고도 할 수 있다.

나의 입장에서, 여기서는 각 회사의 정보 전략을 자세히 설명할 수 없지만, 톱클래스 각 기업은 인맥 만들기를 포함하여 올바른 정보 입수와 출구 만들기에 바야흐로 전력 투구를 시작했다. 그것은 당연히 정보 해석의 구조와 그 이용, 응용 동작에도 영향을 주었고, 제대로 정보를 살리기 위한 통신회로 만들기에 나서게 되었다. 아니 그보다도 눈뜨게 되었다고 할 수 있을 것이다.

지금으로서는 통신회로 만들기와 그 이용에 있어서는 컴퓨터와 일렉트로닉스 기술을 잘 이용한 소비재 메이커쪽이 좀 앞섰으나, 아마도 몇 년 뒤에는 최종 고객인 소비자와 밀착되고 있다는 입장에서도 대형 소매기업 쪽이 유리하게 될 것이다.

기술적으로 통신회로 만들기 등은 이미 완전히 해결되어 있으므로 다음은 필요성에 따른 경험과 구조의 사고 방식만 굳어지면 눈 깜짝할 사이에 궤도에 올려놓을 수 있을 것이다.

여기서 한 가지만 예언해 둘 것은, 나의 육감으로 이들의 움직임이나 작전을 급속히 추진하는 것은 가정 배달 시스템의 발달과 같은 느낌이 들고, 스토어리스, 캐시리스라고 하는 시류가 이것을 보다 가속화 시킬 것 같다. 어쨌든 주의하기를 바란다.

② 동료·손님의 그룹화 및 고정화

지금 대형 유통기업은 생활협동조합의 시스템에 흥미를 갖기 시작했다. 일본에서의 생활협동조합 운동은 가가와 도요히코(賀川豊彦)씨 등 선구자의 지도와 전후의 혁신계라고 하는 진보파(?)의 생각이 일치되면서 시류를 타고 급속히 발전을 해왔던 것이다.

그러나 지금 개개의 생협(生協)을 한 기업체로서 파악할 경우, 결코 튼튼한 것은 아니다. 법적인 보호가 있다고는 하지만 생협 직원의 근로 의욕은 일반 대형 소매업, 특히 경쟁 관계에 있는 양판점보다 떨어지는듯 보이고, 경쟁력이나 경영자 능력도 탁월한 것 같지는 않다.

나와 같은 전문가가 생협이나 농협의 소매 점포를 보았을 때, 한결같이 느끼는 것중 일부 예외가 있다고 하더라도 대부분 '노력 하고 있지 않은 허약한 슈퍼'라고 하는 영역에서 벗어나지 못하고 있다고 할 수 있다.

그러나 농협 점포는 별도로 하고, 생협은 현실적으로 대형 소매업, 특히 양판점에 있어서는 대단히 벅찬 경쟁 상대인 것이다.

그 이유는 '고객의 그룹화·동료화·고정화에 있다'고 하는 점을 가까스로 일부 대형 판매점의 최고 경영자가 느꼈다고 해도 좋다.

실제로 생협이 최고 경영자가 전처럼 노력을 하기 시작할 때는 대형 양판점이라고 하더라도 완전히 당해낼 수 없다.

일례를 들면, 인구 약 4만명의 미나마다시에서는, 그 고장의 생협인 스이꼬사(水光社)에 의해 대형 양판점인 가즈 야(壽屋)와 니치이계의 소매점이 보기좋게 당하고 있고, 인구 30만명의 도요다시(豊田市)에서는 도요다 생협 앞에서는 자스 코, 유니코 등 대형 양판점의 대형점도 맥을 못추고 있다.

또 인구 4만명이 넘는 아이나마시(相生市)에서는 하리마(播磨) 생협에게 자스코가 깨끗이 걷어 채이고 있다. 이들 각 양판점은 생협과 거의 같은 매장 면적이면서 생협의 반이나 3분의 1 정도 밖에 매상을 올리지 못하는 것이다.

이와 같은 상황에서, 손님의 동료화·그룹화·고정화 프로젝트가 1~2개 대형 양판점에서 생기기 시작했다.

한편, 경쟁 격화에 대처하기 위해 구매처를 비롯한 동료의 그룹화에 양판점은 이전부터 매우 적극적이었으나, 이것과 손님의 그룹화, 고정화의 경향이 하나의 범주로서 결부될 것처럼 나에게는 생각되는 것이다.

어쨌든 앞으로 몇 년 지나면, 각 회사 모두 본격적으로 이 분야에 참여할 것이라는 것을 여기서 말해 두고자 한다.

③ 최종 도달계형 위상차 만들기

최종 도달계의 해설에 관해서는 나의 근저 《인생오류의 책》(1982년 8월 PHP 연구소 발행)속의 문장을 그대로 여기에 인용하려고 한다. 왜냐하면, 이 문장은 지금 큰 반향을 불러일으키고 있기 때문이다.

다음과 같은 중대한 이론이 있다. 이것은 일본의 보일러에 관한 권위자인 오사카(大阪) 대학의 이시다니 세이간(石谷淸幹) 씨가 발견한 것으로 '이시다니 이론'이라고도 불리우고 있지만, '최적(最適) 규모의 법칙'이라고도 한다.

그의 저서 《공학개론》에 의하면, 그것은 다음의 7가지 법칙으로 성립되어 있다.

① 일정한 방식에는 그 방식이 적용될 수 있는 최적의 범위, 규모가 존재한다.

② 규모의 변동에 따라 어떤 단계에서 최적 규모에 도달하면 다른 방식으로 바뀐다.

③ 중간계(中間系)는 양쪽 계열의 최적 규모에서 커버할 수 없을 때에 근근히 잔존하지만, 커버되면 쇠미하거나 소멸한다.

④ 모든 방식이 최적 규모를 벗어나서, 한계 밖으로 나가면 사고의 원인이 된다.

⑤ 일정 규모에는 그 규모를 최적 규모로 하는 주류의 방식이 존재한다. 이 주류의 방식을 벗어난 아류(亞流)의 방식은 이윽고 소멸한다.

⑥ 일정 방식이 그 최적 규모 안에 존재할 때, 경제적으로 수지를 맞출 수 있을 때가 많다.

⑦ 사회·경제·재료 수요 등의 변동에 따른 외적 조건의 변화로 최적 규모도 변한다.

이 법칙에 대해 일본의 창조(創造)공학의 제1인자라고 할 수 있는 도시사(同志社) 대학의 이찌가와 기꾸야(市川龜久彌) 씨가 재미있는 말을 하고 있다.

이찌가(市川)와 씨는 등가변환(等價變換)이론의 체계를 완성한 학자로서 유명한데 '최적 규모의 법칙은 등가변환 이론이 적용될 수 있는 모든 분야에 걸쳐서 적용가치가 존재하는 중요 불가결한 법칙이다'라고 지적하고 있다(등가변환 이론에 관해서는 이찌가와 기구야 저《독창적 연구의 방법론》《창조성의 과학》등을 참조할 것. 모든 사회현상, 자연현상에 적용할 수 있다고 하며, 그 대표적인 사고(思考) 프로세스인 'E·T 싱킹 프로차드'는 유명하다).

알기 쉽게 말하면, 사회현상을 포함하여 모든 현상에는 최적 규모의 법칙이 적용될 수 있다고 하는 것이다. 최적 규모의 법칙 7항목 전부를 여기에 소개한 것은 하나 하나가 실생활에 크게 도움이 되는 원칙이기 때문이지만, 그 가운데서도 제3항의 중간계에 대해서는 강자가 되려고 뜻하는 사람이 반드시 원칙으로서 이해해 두기 바란다.

그것은 중간계=중간치란 존재할 수는 있어도 약한 것이고 이윽고 존재할 수 없게 된다고 하는 원칙이다. 표범과 사자의 혼혈 잡종인 레오퐁 등은 생식력이 없다. 트롤리버스(무궤도 전차)나 누비스타 등은 어느 사이엔가 자취를 감추고 말았다. 경영의 세계에서도 필요한 것은 A&B이지, A와 B의 중간치는 아닌 것이다. 이 경우의 A나 B는 이찌가와 기꾸야씨 식으로 말하면 '최종 도달계'든가 그것을 지향하는 것이 아니면 안된다.

이를테면, 내가 양판점 중심의 교외형 대형 쇼핑 센터의 장래에 비관적인 견해를 갖고 있고, 교외의 고급 고층 맨션에 의문을 나타내는 것도 그것이 '최종 도달계'가 아니라 '중간계형(中間系型)'으로 보이기 때문이다.

다만 내가 지금 최종 도달계라고 하는 말을 하고 있는 것은 이찌가와 기꾸야씨의 정의를 내 식으로 약간 변경 해석하고 '현상에서 보아 다소 세상이 변해도 존재 가능한 것'이라고 하는 뜻으로 사용하고 있다.

예컨대 소매업에서는 어떤 일이 일어날지라도 절대로 손님을 끌어들일 수 있다고 생각되는, 도시 한복판의 1등 매장인 면적 넓은 통합 대형점이든가, 손님에게 철저하게 다가가는 것이라고 할 수 있는 가정 배달업 등을 최종 도달계라고 판단해도 좋다고 하는 것이다.

물론, 최종 도달계만 존재할 수 있다고 하는 시기는 그 시점이 사양기인 증거인데, 이를테면 물질적 소비에 대해서는 현재로서 어쩔 수 없다고 하더라도, 앞으로 성장에 들어서려고 하는 정보화 사회에서는 중간계의 존재는 충분히 가능하다고 생각된다. 일반적으로는 중간계가 많이 존재할수록 그것은 이론적으로도 즐거운 세상이다.

그렇다고 하더라도, 최종 도달계를 지향하는 것은 어떤 시대이거나 유리할 것이 틀림없고 정보화 시대라는 처음부터 정보의 전국시대(戰國時代)의 양상을 보일 것 같으므로 역시 최종 도달계 지향은 앞으로 기업 경영에 있어서도 중요한 시류 대응책일 것이다.

다음에 위상차(位相差)에 관해서 조금 설명하겠다.

위상(位相)이라고 하는 것은 주기운동(周期運動)의 어떤 순간에서의 운동상태를 가리키며, 2개의 주기운동이 위상 밖의 상태에 있을 때, 당연히 2개 운동의 최대치가 되는 순간은 상위(相違)한다. 이 차이를 가리켜 위상차(位相差)라고 하는 것이다.

알기 쉽게 말하면, 위상차를 만들어라 하는 것은 이 차이가 항상 있도록 만들라고 하는 것으로 다른것과 차별화 할 수 있는 것이라고 생각해도 좋다.

다만, 경영 용어에서의 위상차 방법이라고 하는 것은 남보다 각별히 앞선 것이며, 더구나 완전히 안정된 것이라고 이해하기 바란다.

이 위상차에 관해서는 졸저 《인생오류의 책》 164쪽에서 172쪽에 걸쳐서 '승리의 원칙은 대병력과 위상차'라고 상술하고 있으므로 참조하기 바란다.

여기까지 설명하면, 최종 도달계형 위상차 만들기란 어떤 것인가 하는 것을 이해하리라고 본다. 구체적인 사례 소개를 나로서는 내 일의 성격과 나의 입장에서 할 수는 없지만 빠르면 1983년 중에 '최종 도달계형 위상차 만들기'의 견본과 같은 시스템이 나타나 일반 대중에게 보여주게 될 것이라는 점만을 말해 둔다.

④ 문화적 낭비의 플러스화(化) 작전

인적 낭비든가 물질적 낭비에 비하여 문화적 낭비는 그것이 정신적인 것이고 정보 기능에 의하여 플러스로 바꿔질 수 있는 것이므로 결코 낭비가 낭비로 끝나지 않는다는 것을 말했다.

경영이나 경제는 무엇보다도 결과가 중요하고 결과에 이르는 과정에서 낭비를 적게 하는 것이 좋은 성과의 핵심이다. 그러나 문화라고 하는 것은, 이 과정 자체를 즐기는 것에 그 특징이 있다고 할 수 있다.

스스로 도자기를 만든다, 그림을 그린다, 이런 것들에서부터 시작하여 여가는 시간을 잘 이용한다고 하는 것은 가장 알기 쉬운 문화적 낭비의 플러스화(化) 작전이다.

문화 교실, 문화 행사, 레저 교실 등 경제나 경영과는 전혀 관계없는 낭비에다가 문화의 이름을 붙여 시간의 효과적 이용이나 인간성의 향상을 목적으로 하면, 그것은 문화적 낭비의 플러스화가 되고 플러스화는 곧 수익과 이어진다는 것이 최근에 이르러 분명히 알려지게 되었던 것이다.

따라서 대형 소매업이 문화에 기대하는 집념은 굉장한 것이고 지금은 아직 낭비의 플러스화가 그다지 익숙하지 않아 이익과는 좀처럼 연결되지 않지만, 시류에서 보더라도 몇 년 뒤에는 크나큰 이익원(利益源)이 될 것이다. 이 점에 관해서는 독자의 주변에서 여러가지 상황들을 엿볼 수 있으므로 잘 이해하리라고 생각한다.

이상으로 대형 유통기업에서 요망되는 4가지 새 작전의 내용을 조금이나마 해설했다. 그것은 주로 대형 소매업에 의해 주도(主導)되고, 다음으로 대형 소비재 메이커가 맹렬한 추격을 시작했다는 것이 실상이다.

앞으로 이런 관점에 주의하여 유통업계를 바라보기 바란다.

2. 응용편——유통 문제의 결정적인 수단, 소매업 문제 질의응답

유통업계에서 제대로 살아남으려고 생각한다면, 소매업에 대한 정확한 지식을 가지고 소매업 문제와의 관계에서 자기 회사, 자기 가게 혹은 자신의 대응법을 생각하지 않으면 안된다. 그것은 지금으로서 이미 유통업계의 상식이다.

또 유통업계 사람들 뿐만 아니라 이 책을 여기까지 읽어 온 독자들도 충분히 이해할 수 있는 일이라고 생각한다. 그래서 이 책의 마무리로서, 소매업과의 관련에서 지금 문제 되고 있는 것, 금년에 들어와서 지금까지 나에게 가장 많이 질문했던 사항들에 대해 질의응답 형식으로 답변하려고 한다. 물론 여기의 답은 나의 답변이므로, 그것이 옳은가 아닌가 하는 것은 별도로, 이 책을 여기까지 읽어 온 독자들에게 이해를 부탁한다. 실천응용편이라고 생각하여 읽어주기 바란다.

1) 질문·1——"오마루 우메다점(大丸梅田店)이 금년 4월 화려하게 문을 열었습니다. 지금까지는 순조로운 듯합니다. 그러나 매장 면적은 오사카(大阪) 역전에서 완전히 3등점입니다. 1등점 시대인 지금, 과연 성공할 수 있을까요?"

나의 경험으로 미루어 보면, 대개는 성공시킬 수 있습니다. 소매점의 경영이라 할지라도, 업태를 바꾸거나 다루는 상품을 변화시켜 기능이나 상품을 부가하면 우선 성공으로 이끌어 갈 수 있습니다.

그러한 뜻에서 아무리 어려운 가게, 업적이 나쁜 가게라도 경영 방침과 그 실행 여하에 달렸다고 할 수 있고, 지금 업적이 좋은 가게도 언제 나빠질지 알 수 없습니다.

그러나 질문하신 취지를 상식적으로 생각해 보면, 오마루 우메다점의 장래는 여러가지 뜻에서 다른 가게보다 5~6배나 10배의 노력을 하지 않으면 안될 가게라고 말할 수 있을 듯합니다.

내가 만일 개점(開店)하기 전의 상담을 받았거나, 한큐(阪急), 한싱(阪神)백화점 이외의 기업이었다면 주저하지 않고 '그만 두십시요'라고 말했을 것입니다.

왜냐하면, 첫째 지역 1등점이 아니기 때문입니다. 백화점 상권도 일반적으로 앞으로는 좁아지는 일은 있어도 결코 넓어지지 않습니다. 지금 오마루 우메라점의 개점으로 오사카 역전의 상권이 일시적으로는 넓어진 것 같지만, 그 가운데 미미야(三宮 : 고베)나 교또(京都), 아베노(阿倍野) 등에서도 지금보다 큰 백화점이 반드시 출현될 것이라고 말할 수 있습니다.

그뿐만 아니라 이제까지의 상권 내에도 백화점이 계속 생길 것 같습니다. 오사카 역전에서 보면 이께다(池田), 가와니시(川西)·다까라쓰까·아마사끼(尼崎)·이다미(伊丹) 등 이제까지의 상권 내에 있던 각 시에 백화점을 유치한다는 얘기가 이미 상당히 본격화 되고 있습니다. 앞으로의 태반은 실현될 것입니다.

상권 인구 20만명의 백화점 경영은 멀지않아 가능해지리라고 생각되고 그것이 손님의 요구이기도 하므로 백화점의 경우, 소상권화(小商圈化)가 앞으로의 경향이라고 생각됩니다.

그 경우, 예외적으로 오사카 역전이 전세계를 상대로 전국 상대 대상권화(大商圈化)를 하면 문제는 없지만, 서일본을 상대한다는 것조차도 불가능할 것입니다. 일본에서 지금 대상권화 할 가능성이 있는 것은 최종 도달계 이론에서 생각하더라도 단 1개소인 도쿄의 도심부 이외에는 없다고 판단할 수 있습니다.

소상권화는 당연히 경쟁을 격화시키고 특별한 경영 노하우가 없는 백화점 사이에서는 지역 1등점 이외의 경영을 대단히 어렵게 하고 있습니다.

장래는 2등점인 한싱(阪神) 백화점조차도 크게 고생을 하지 않으면 안되리라고 생각되는데, 그보다 매장이 더욱 작은 3등점에서 참여한 것이므로 오마루 우메다점은 이제까지의 백화점에 없는 획기적인 노하우를 갖지 않고서는 큰 일일 것입니다. 이를테면 크레디트 데파트인 마루이(丸井)와 같은 노하우 말입니다.

그러나 오마루가 그것들을 매스터했을 때, 경쟁점도 역시 깨닫게 할 것이므로 아무래도 상식적으로는 성공하기 위해 대단한 고생이 필요하리라고 생각합니다.

둘째, 오마루의 최대 이익점인 본점[신세이 바시(心齊橋)]과 우메다점은 보완적 관계가 아니라 경합의 관계가 됩니다. 특별히 기업을 지키기 위해서나 공격하는 것 이외에는, 자기 회사 상권 내에서 자기 회사 사이의 경합점을 개점해서는 안 된다는 것이 전략적 상식이지만, 오마루의 경우는 나와 같은 제3자가 보면 특별한 뜻이 없습니다. 다만 현명한 오마루(大丸) 임원이 제3자도 납득할 수 있는 특별한 뜻을 붙이고 실행한다면, 우메다점(梅田)은 오마루에 있어서 구세주가 될 것입니다.

셋째, 1등점이 아닌 이상 자기 소유 점포가 아니면 앞으로는 채산을 맞출 수 없게 되리라는 것이 사양기에서의 소매업 경영의 상식입니다. 나는 토지나 건물 모두 자기 소유가 아닌 2등점 이하의 개점은 상당히 특수 사정이 없는 한, 권하지 않기로 하고 있습니다. 오마루 우메다점은 고꾸데쓰(國鐵)로부터의 임대 점포입니다. 이 면에서도 나의 상식과는 크게 거리가 있습니다.

물론 오마루에는 나름대로의 경영 채산 계산이 있고, 충분한 자신이 있었기에 개점한 것이라고 생각합니다. 그렇다고 하면 성공할 것이고 나도 오마루부터 우메다점에 대해서 앞으로 상담을 받으면, 성공법을 생각해 보겠습니다. 인간의 지혜는 무한하므로 성공법이 발견될 가능성은 있습니다.

다만, 지금 상식적인 질문에 대해 상식적인 대답은, 여기에서 기록된 것과 같이 될 것입니다. 별로 바람직하지 못한 답변을 했지만, 나의 철학은 '과거는 모두 착하다'라고 생각하는 것입니다. 지금에 와서 오마루에 있어서 우메다점 개점은 절대로 선(善)이었던 것입니다. 또 선으로 하지 않으면 안 됩니다. 오마루 우에다점의 성공을 마음으로부터 기대하고 있습니다.

2) 질문 · 2 ——"지난 해 극적인 오까다(岡田) 사장 퇴임 전후부터 미쓰고시(三越)의 업적이 저조한데 재기할 수 있을까요? 또 어떤 수법이 가장 미쓰고시를 위해 필요할까요?"

미쓰고시(三越)의 문제점은 물리적으로 말하면 1등점이 적다고 하는 것입니다. 니혼바시(日本橋) 본점과 다까마쓰(高松店) 점포 이외에 진짜 의미로 1등점은 없습니다. 이것은 유통업계가 사양기로 접어들어, 대형 통합점에서는 매장 면적으로 지역 1등점 이외의 경영이 어렵게 된 지금, 크나 큰 마이너스 조건입니다.

그러나 미쓰고시에는 전통과 신용, 높은 이미지가 있습니다. 손님과의 밀착 방법, 고객에 대한 판매원의 응대나 접객도 대단히 능숙한 백화점입니다. 문화의 향기에 대해서도 미쓰고시에는 다른 가게 이상의 것이 있습니다. 이것을 잘 살리면 미쓰고시는 충분히 재기할 수 있습니다. 다만 그것을 위해서 한 가지 커다란 기본 요건이 있습니다. 그것은 '16대 0'의 오까다(岡田) 해임이 지닌 뜻을 손님이나 종업원, 거래처에 납득시키지 않으면 안된다고 하는 것입니다.

오까다 전 사장과 같이 오까다 체제를 지탱하고 있던 다른 중역들이 전원 남아서 '미쓰고시는 달라졌다'고 해서는 아무도 납득할 수 없습니다. 나 조차도 '왜 전원이 사표를 제출하지 않았을까! 하고 생각하고 '왜 한 사람도 사퇴하지 않았는가' 라고도 생각합니다. 즉, 이유는 대강 알고 있는 것이지만, 심정적으로는 납득되지 않는다고 하는 것입니다.

미쓰고시는 역시 일본의 소매업에서 대표자입니다. 손님, 거래처, 그뿐만 아니라 종업원까지도 심정적으로 납득하고 있지 않다……고 하는 것이 지금의 업적 저조의 최대 이유라고 생각합니다.

지금은 납득의 시대입니다. 이것만 해결되면 질문하신 우선의 업적 회복은 간단할 것입니다. 물론 전략적으로 볼 때, 지금의 미쓰고시에 있어서는 역시 1등점 만들기가 앞으로의 최대 과제입니다.

소매업의 최대 포인트인 상품력에서는, 백화점 가운데 톱클래스인 이세단(伊勢丹) 조차도, 신쥬쿠(新宿) 본점과 우라와(浦和)점은 지역 1등점인 만큼 좋은 업적이지만, 2등점 이하인 기쓰쇼지(吉祥寺)점이나 다찌가와(立川)점, 자회사(子會社)인 후지고이세단(藤五伊勢丹), 다나까야(田中屋) 이세단, 이와다야(岩田屋) 이세단 등은 매우 고전하고 있습니다. 이점에서 볼 때, 다분히 이세단 니이가다(新潟) 점은 1등점이므로 업적이 좋은 가게가 될 것입니다. 상품력이 강한 다까지마야(高島屋)도 관련 회사가 2등점 이하의 백화점을 많이 가지고 있어 고생하고 있는 것은 이세단(伊勢丹)과 같습니다. 이 점이 미쓰고시의 장래에 있어서도 큰 문제인 것만은 틀림없을 것입니다.

3) 질문 · 3 ——"지난 해 12월에 합병을 발표한 니찌이와 유니가 2개월 후인 금년 2월에 합병 중지를 발표했습니다. 어찌된 일일까요? 더구나 세상을 떠들썩하게 하고 나서 양사 모두 태연스럽게 있습니다. 이것도 어찌 된 일일까요?"

"주식 상장 기업, 그것도 도쇼(東證) · 다이쇼(大證)의 일부 상장 기업이 합병을 발표한 지 2개월 뒤에 이번에는 중지를 발표한다"고 하는 것은, 전연 얘기가 안 될 정도로 꼴사나운 일이다.

보통이라면 양사 사장의 사임 정도는 당연하다. 이에 대해 니찌이나 유니는 너무나도 태연스럽게 보인다. "후나이씨, 당신은 이 업계에 상세하다. 대관절 대형 양판점 업계라는 것은 어떻게 되어 있는 것입니까?"라고 몇 사람의 일류 재계인으로부터 나도 추궁을 받았습니다. 그러나 미쓰고시의 오까다 해임극(解任劇)과 는 달리 양사의 종업원이나 거래처, 고객도 심정적으로 이러한 합병 발표와 중지 발표를 그리고 그 실태를 납득하고 있습니다. 그 증거로 니찌이는 오히려 업적이 향상되었고 유니도 건투하고 있습니다. 새로운 업계, 양판점 업계의 이것이 좋은 점이고 결점이기도 합니다. 물론 앞으로 이런 것은 허용되지 않게 될 것입니다. 그러나 지금까지는 업계나 기업에도 이러한 체질이 있었기에 커진 것입니다. 이번의 경우, 양사 수뇌 모두 간단히 '커지는 것은 좋은 일이다'라고 생각하여 합병을 발표했을 것입니다. 그러나 막상 세부적인 마무리 단계에 이르자, 여러가지 문제가 나온다. 그래서 어쨌든 서두를 것은 없다, 중지하자, 하고 합병의 중지를 결정했을 것입니다.

조령모개(朝令暮改)가 아니라 조령주개(朝令晝改)도 좋은 것으로서 인정해 온 업계가 행한 하나의 상징적인 사건이었으나 아마 이 니찌이·유니의 합병 문제가 최후이고, 앞으로는 유통업 계에서도 이러한 사건이 나오지 않을 것이라고 생각합니다.

당사자는 물론이려니와 업계 전체가 크게 반성하고 있고 시류에서 보아 '즉흥적인 행위'가 앞으로는 큰 손해가 된다는 것을 본능적으로 깨달은 듯합니다.

주 : 현재의 양판점 업계의 실태는 그 시장에 집약되고 있다. 다음의 기사는 금년 6월 PHP 연구소에서 발행한《재치는 사람을 살린다》고 하는 '워크 힌트 시리즈'의 한 권으로《양판점 사장의 특성》이라는 제목으로 내가 쓴 글중 일부이다.

나는 직업 관계상, 대형의 유통기업 사장들 거의 모두와 친하다. 그 태반은 내가 고문을 맡고 있는 곳이고, 그렇지 않은 기업도 사업상 여러 가지 관계가 있어서 사장들과는 매우 친하게 어울리고 있다.

그 가운데서도 대형 양판점의 사장은 태반이 창업자 사장이다. 시류를 잘 타고 났다고는 하지만, 20년 동안에 제로에서 출발하여 종업원이 수천명에서 수만명에 이르는 기업 그룹을 만들어 낸 사람들이고, 그 기업 그룹의 연간 판매액도 크게는 2조엔, 중견급에서도 수천억엔에 이르고 있다.

그런만큼 그들로부터는 정말이지 배울 점이 많다. 그들에게는 공통된 여러가지 특성이 있다.

① 노력을 굉장히 하는 사람들이다. 얘기를 듣고 책을 읽으며 그리고 메모를 하고 흥미가 있으면 즉시 스스로 보러 간다. 그리고 좋다고 생각하면 이것도 곧 실행한다. 굉장한 일이다. 지금도

아직껏 대개의 양판점 사장들은 그 바쁜 가운데서도 1년에 10번 이상이나 미국이나 유럽을 방문하여 공부를 하고 있는 것은 그 일례라고 할 수 있다. 그 호기심과 행동력, 그리고 순수함은 완전이라고 말해도 좋을 만큼 일반 사람들과는 초월해 있다고 해도 좋다.

② 변화 적응형이다. 조령모개가 아니라 조령주개라고 해도 좋다. 이것은 탁월한 호기심과 행동력의 결과이기도 하겠지만, 다음에서 다음으로 새로운 지식과 경험을 도입하는 것이므로 이것이 최선이라고 생각하면서도 곧 변경하고 싶어하는 것을 잘알 수 있다. 그와 동시에 변화에 전연 개의치 않는다. 최근 매스커뮤니케이션의 화제를 떠들썩하게 한 것은 니찌이와 유니라고 하는 2대 양판점의 합병 문제이다.

1982년 12월에 '1983년 9월에 양사는 합병한다'라고 대대적으로 발표해 놓고 그 2개월 뒤에 '합병 문제는 백지화 한다'는 것이었으므로 모두가 어리둥절했다.

더구나 양사의 간부들도 이 일에 별로 마음 두고 있는 것 같이 보이지 않으므로 세상은 두번 놀란 것 같다. 나와 친한 몇 사람의 재계인들도 '보통이라면 이만큼 세상을 놀라게 했으므로 양사의 사장들은 사표를 내는 것이 상식이고 종업원도 얼마 동안은 창피해서 견딜 수 없을 것임에도 전연 태연하군요. 양판점 업계는 변했어요'라고 말하고 있는데, 그런 것을 마음에 두지 않는 점이 이 업계의 새로움=유치성과 강점이라고도 할 수 있다.

거시적으로 보았을 때, 이러한 체질이 좋은가 나쁜가 하는 것을 일률적으로 말할 수는 없다. 내가 볼 때는, 보다 신중하게, 보다 자기의 행동에 책임을 졌으면 하는 것이지만 발전의 프로세스로서는 어쩔 수 없는 것인지도 모른다.

③ 엄청나게 의지가 강하다. 좋다고 생각하는 것은 곧 실행하

고 나쁘다고 생각하는 것은 완전히 중지할 수 있다. 현재, 대형의 양판점 사장으로서 담배를 피우는 사람은 전무에 가깝게 되었다. 그러나 옛날에는 그들의 태반은 애연가였던 것이다. 미국·유럽에 자주 가는 그들은 선진국에서 해마다 끽연자의 운신이 좁아지고 있는 것을 피부로 느끼고 있다. 비행기의 금연석이 해마다 확대되고 비행기의 경우 등, 끽연석은 미국·유럽에서는 뒷쪽 일부 좌석뿐이거나, 회의장 안이나, 방문하여 상담할 때의 응접실에서도 노스모킹이 상식화 되어 가고 있는 것을 볼 때, 역시 생각해 보게 된다.

그뿐만이 아니다. '미국에서는 애연가 의사인 경우, 그것만으로 손님이 가지 않는 것입니다. 왜냐하면 몸에 나쁘다는 것을 알고 있으면서도 끊지 못하는 의사라면, 그런 사람에게 몸을 맡길 수 없으니까요'라든가 '우리 회사에서는 끽연이 몸에 나쁘다는 것을 알고 있으면서도 그것을 끊을 수 없을 만큼 의지가 약한 사람이 끽연자이므로 끽연자는 간부로 등용시키지 않기로 하고 있습니다'라고 하는 얘기를 종종 듣게 된다.

그들의 반 정도는 이런 얘기를 듣고 쇼크를 받아 곧 담배를 끊게 되었다. 그렇기는 하지만, 생활의 패턴으로서 인이 박힌 것을 끊는다고 하는 것이므로 보통 일은 아니다.

내가 알고 있는 어떤 사장은 나에게 '선생, 담배는 정말 몸에 해로운 것입니까?' 하고 묻는다. 나도 알 수 없으므로 담배에 관하여 연구하고 있는 유명한 클리닉에 같이 가서 그 곳 의사에게 담배의 이해(利害) 여부를 설명해 달라고 했다. 그 결과는 '역시 담배는 끊는 것이 좋을 것 같군요. 그래서 나는 끊으려고 생각합니다. 그러나 후나이 선생, 당신은 우리 회사 고문이니까 내 고문이기도 해요. 나의 금연을 응원해 주십사 하는 겁니다' 하는 것이므로 그의 회사에 끌려 갔다.

　긴급히 임원회를 소집한 그는 일단 사업상의 의논을 한 뒤에 "그런데 오늘부터 나는 담배를 피우지 않기로 했다. 그렇다고 해도 보통으로 선언을 하는 것만으로는 의지가 약해서 다시 피우게 될 것이라고 생각한다. 그래서 만일 앞으로 한 대라도 내가 담배를 입에 대거나 하면, 나를 사장의 자리에서 몰아내기 바란다. 또 그때에는 내가 가지고 있는 모든 주를 여러분에게 주겠다. 그것을 약속하기 위해 또 만일의 경우를 위해, 한 자 적어두고 여러분도 알았다는 뜻의 사인을 해주기 바란다. 물론 이것은 후나이 선생에게도 입회인으로서 사인을 해달라고 할 생각이다' 하면서, 임원들과 문서로 약속하고 깨끗이 담배를 끊고 말았다. 그는 일부 상장 기업의 어떤 초 원맨 사장(물론 대주주)으로 유명한 사람이지만, 하루 60~80 개비의 담배를 피우고 있던 것을 깨끗이 끊었던 것이다. 엄청나게 의지가 강한 것이다. 지금 말한 것은 일례지만 창업자 오너라고 할까, 성공하여 크게 된 초대 사장 중에는 이와 같은 '강한 의지'가 특성이다.

　④ 끝없는 확대욕과 경쟁욕이 있다.

　20세기 최고 심리학자의 한 사람이라고 일컬어지고 있는 스위스의 칼 융 박사는 잠재의식의 연구로 유명한데, '사람의 마음은 이상한 작용을 한다. 생각한 것이 그대로 성취된다'고 말하고 있다.

　또 성공자의 바이블이라고 일컬어지고 있는 나폴레옹 힐의 저서 《부를 쌓는 13 조건》 속에는 '잠재의식을 이용하자. 잠재의식을 당신이 계속 의식하면 활성화된다. 그것은 잠자는 거인이며 당신의 하인을 좋은 일을 위해 이용하거나 나쁜 일을 위해 쓰는 것도 모두 당신에게 달려 있다'라고 씌어 있다.

　인간이란 좋은 것을 생각하면 좋게 되고 나쁜 것을 생각하면 나쁘게 된다. 이 생각하는 힘이 최근 과학적으로 증명되어 가고 있다.

그렇다고 하면 크게 된 양판점의 사장이나 일반적으로 성공한 창업자 오너에게서 볼 수 있는 끝없는 확대욕과 경쟁욕을 향상욕으로 보아도 되고 그것이 잘 작용함으로써 그들은 인간의 특성을 참으로 잘 살리고 있는 사람들이라고도 할 수 있다.

⑤ 임기응변적인 재치의 명수이다.

이제까지 말해 온 4가지의 특성 이외에 다섯째는 재치의 명수라고 하는 것이다. 참으로 잘 알아차린다. 그 뿐만 아니라 얄미울 정도로 사람을 즐겁게 해주는 것에도 능숙하다.

바로 얼마 전의 일인데, 일본경제신문사의 어떤 기자 어머니가 죽었다. 그 기사를 ○○군이라고 하자. ○○군은 참으로 유능한 사람으로 1년 전쯤까지는 유통면을 담당하고 있었다. 지금 그는 다른 분야를 담당하고 있다.

그 밤샘의 자리에 다이에의 나까우찌(中內) 사장이 달려왔다고 한다. '옛날, 여러가지로 신세를 진 ○○기자의 어머님이 돌아가셨다고 해서 오사카에서 비행기를 타고 달려왔어요'라고. 그날 철야하고 있던 일본경제신문사 ○○ 기자의 동료 기자에게 나까우찌씨가 한 말이라고 하지만, 이 말을 들은 ○○ 기자는 '예전에 다이에 관계 기사를 그토록 나쁘게 쓰는 것이 아니었는데. 그렇다고 해도 역시 나까우찌씨는 훌륭한 사람이야' 하고 대감격을 했다고 한다.

나도 나까우찌씨 때문에 자주 감격할 때가 있다. 1982년 2월경의 일이었다. 나리다(成田)에 있는 다이에계의 호텔 센트러저 나리다(成田)에 나까우찌씨와 같이 투숙했을 때의 일인데, '후나이 선생, 선생은 내일 아침 일찍 기상하셔야지요. 나는 내일 아침, 나리다의 후도오묘오(不動明王)에게 참배하고 돌아오겠어요. 선생 몫까지 기원하고 오죠' 하고 농담을 하고는 각각 자기의 방에서 잤다. 다음 날 아침 나는 나리다 발 아침 7시의 비행기를 타기 위해 일찍 출발했는데 그로부터 며칠 뒤, 여행에서 돌아와 보니 나에게,

---

사업번영 수업
　　부　　　　적
　　　주식회사 일본 마케팅센터
　　　대표이사 사장
　　　　　　후나이 유끼오 님

이라고 씌어 있는 높이 50센티미터 정도의 나리다산 신쇼지(新勝寺)의 훌륭한 나무 부적과 제주(祭酒), 그리고 백선향(白扇香)과 부채 한 벌이 나까우찌 사장으로부터 부쳐 와 있었던 것이다.

이것들은 틀림없이 나의 몫까지도 나까우찌씨가 기원해 주었다는 증거이고, 그보다도 최상급의 부적과 그 밖의 것을 전해 받았다는 것만으로, 별로 어떤 일에나 감격을 하지 않는 나에게 즐거웠던 것이다.

이와 같은 재치는 나까우찌 사장 한 사람뿐만 아니라, 니시다께(西武)의 쓰쓰미 기여니(堤淸二)씨, 이도요카토(堂)의 이토오 가슌(伊藤雅俊)씨, 니찌이의 고(故) 니시하시 유끼오(西瑞行雄)씨, 기즈야의 가즈기 하지메(壽崎肇)씨, 엔도체인의 엔도 요이찌(遠藤要一)씨 등으로부터 기회가 있을 때마다 뼈저리게 전해오고 있다.

4) 질문 · 4── 세븐 일레븐 재팬은 지금 일본 제일의 고주가 (高株價) 기업이다. 그런데 다른 컨비니언스 스토어가 줄지 어 생겨서 별로 업적이 좋지 않은 데도 초고수익 기업이 다. 그 이유를 가르쳐 주십시오. 또 언제까지 고수익 기업으 로 계속 남아 있을 수 있을까요?

'세븐 일레븐 재팬'이 고수익을 올리는 최대 이유는 이토오 가슝(伊藤雅俊) 오너와 스즈끼 도시후미(鈴木敏文) 사장의 경영 력에 있다고 생각합니다. 동시에, 현재 기업 업적을 신장시키기 위해 장사의 원칙인 상품 리베트를 취하지 않는 것, 이른바 상품 으로 삥땅치기를 철저하게 않는다는 것이 고수익의 기본이라고 생각합니다.

성숙기 이후의 장사는, 팔고 싶은 사람(회사나 가게)과 사고 싶은 사람(회사나 가게)을 끌어당겨서 서로가 직접 상거래가 가능하도록 짜는 시스템을 만드는 것입니다. 이것이 정보화 기업 의 시작이고 징조입니다. 이 경우 시스템 이용료는 당연히 받아 도 좋고 받아야 하지만, 그때 상품의 삥땅치기를 해서는 안됩니 다.

그것은 말하자면, 도매상 단계의 장사이고 물건 중심의 장사이 며 분명히 다른 차원의 것입니다. 앞으로 시스템회사=정보 기업 이 이런 것을 하면, 그것은 시스템 이용자의 미움만 살 뿐이고 결코 플로스가 되지 않으며, 또 물건을 취급해도 이미 말해온 바와 같이 앞으로는 별로 돈을 벌 수 없게 됩니다. 따라서 나는 '세븐 일레븐 재팬'은 컨비니언스 스토어(편의품점)라고 하는 업태인 소매업 그 자체가 아니라, 그것을 시스템화 한 시스템체 이고 지금으로서는 시류를 잘 잡고 멋지게 성공하고 있는 정보업의 시작이라고 보고 있습니다.

　다만 문제는 있습니다. 다른 컨비니언스 스토어의 경영이 일부를 제외하고 별로 바람직스럽지 못한 것은, 컨비니언스 스토어라고 하는 업태가 지금이나 그리고 앞으로도 시류에 맞는다고 생각되지 않기 때문입니다. 우선 컨비니언스라고 하는 기능은 어떠한 소매점도 갖지 않으면 안 되는 것으로 되었습니다. 소비재 업계는 이미 사양기에 들어가 있습니다. 가까운 장래 정보화 사회로 들어갑니다. 이들 경영 노하우의 결정적인 수단은, 사양기에서는 다음의 7 항목(①~⑦)이고 정보화 사회에서는 10항목(다음의 ①~⑩)이라고 생각됩니다. 먼저 사양기부터 검토해 보겠습니다.

① 우선 손님에 대한 개별 대응인데, 컨비니언스 스토어에서는 이것이 좀처럼 되지 않습니다.

② 두번째로 전면적 대응, 이것도 ×입니다. 안됩니다.

③ 세번째로 정공법(正攻法)인데, 이것에 대해서는 완전히 반대되는 빈틈찾기 장사법이 컨비니언스 스토어의 본성입니다. 이것도 역시 ×입니다.

④ 네번째가 1등화(一等化)인데, 이것에 대해서는 뭐라고 말할 수가 없습니다. 지금, 편리성에서는 으뜸이라고 할 수 있을지 모르지만, 스토어리스 시스템이 궤도에 오르면 이것도 ×로 될 것입니다.

⑤ 다섯번째의 최종 도달계 지향에서는 완전히 ×입니다. 틈 사이에 최종도달계는 없습니다.

⑥ 여섯번째는 인간적 밀착인데, 이것도 원칙적으로는 없습니다.

⑦ 일곱번째는 종업원 전원의 경영 참가인데, 이것에 대해서는 ○이라고도 ×라고도 할 수 있습니다.

이상 7항목은 거의 ×입니다. 그러므로 좀처럼 경영이 잘 되지 않는 것입니다. 앞으로도 어려울 것입니다.

다만 '세븐 일레븐 재팬'만은 시류에 맞지 않는 업태일지라도 같은 업태에서 으뜸이라는 것과 시스템업으로서의 위상차 노하우를 잘 만들어 내어 고수익 기업으로 계속 할 수 있을 것이라고 나는 생각합니다. 그것 이외에도 이 회사는 이제까지 보호되고, 여유 있게 돈이나 땅이나 사람이 있고, 게다가 의욕이 있는 가업(家業) 점포를 '완벽하게 조직화'하여 활용해 온 것으로 생각됩니다. 이토오(伊藤) 오너와 스스끼(鈴木) 사장은 이 점에서도 탁월하고 참으로 굉장한 능력이 있는 분들입니다. 그러나 다음의 3가지, 정보화 시대의 노하우에 비추어 컨비니언스 스토어를 검토하겠습니다.

⑧ 여덟번째는 하이테크 · 하이터치의 일체화 시스템 구축인데, 아마 '세븐 일레븐 재팬' 이외의 컨비니언스 스토어 기업은 지금 상태로 이 구축이 어려운 듯이 느껴집니다. 동 회사에 대해서도 의문이 있습니다.

⑨ 아홉번째는 전국적인 정보통신 네트워크 구성이고,

⑩ 열번째가 손님과 동료, 거래처 등의 조직화 · 그룹화 · 고정화인데, 모두 세븐 일레븐 재팬은 달성할 것입니다. 그러나 다른 컨비니언스 스토어 그룹에 대해서는 '?'가 따릅니다.

이와 같이 검토해 볼 때, 컨비니언스 스토어 전체의 장래성에 대해서는 지금으로서는 의문이 있습니다.

또 소매업계가 사양기로 들어간 시점에서, 이제까지와는 달리 7항목의 결정적인 수단을 잘 실행하지 않으면, 세븐 일레븐 재팬도 역시 여러가지 문제에 부딪칠 것입니다.

그런데 질문한 것에 대한 답변이지만, 세븐 일레븐 재팬이 언제까지나 고수익 기업으로 있을 수 있을지, 어떨지 하는 확률

은 이토오(伊藤) 오너, 스스끼(鈴木) 사장의 탁월한 능력으로
보아, 지금으로서는 역시 50％라고 할 수 있습니다.

 5) 질문 · 5 ──"그 우수한 나까우찌 이사오(中內功) 사장의
   확고한 방침으로서는 아무래도 다이에의 쁘랭땅 전략의
   뜻을 파악할 수 없습니다. 어떻게 판단해야 할까요?"

지금대로 나가면 '오 쁘랭땅 자뽕'은 다이에 그룹의 아킬레스
건(腱)이 될지도 모른다고들 말하고 있습니다. 분명히 말해서
나도 쁘랭땅 전략은 파악할 수 없습니다.

양판점 업계 특유의 오너가 발휘한 '발상 전략'의 하나였는지
도 모릅니다. 다만 나까우찌(中內) 사장에게는① 백화점 업계에
의 참여 ② 그룹의 통합화 · 다각화, 하이 이미지화 라고 하는
기본 전략 가운데서 ③소매업의 각 업태 믹스에 의한 '상권 제압
의 무기'라고 하는 3가지의 방침 설정은 틀림없이 있었다고 생각
됩니다.

제1장의 보니(棒二) 지원 대목에서 말한 바와 같이, 시류를
읽을 줄 아는 나까우찌 사장이므로 능숙하게 위치 설정을 해나갈
것입니다. 그렇다고 하더라도 다이에의 관련 회사들 전략은 조금
걱정이 됩니다.

선행(先行) 투자란 돈을 벌 수 있는 가능성이 많은 것에 대한
투자이어야 하는데 조금 힘에 겨운 듯합니다. '오 쁘랭땅'의 각
점포도 우선 가게마다 돈을 벌 수 있도록 하지 않으면 안됩니
다.

그러기 위한 수법은 입지, 규모로 보아 그 각 점포를 백화점이
라고 생각하지 말고 대형 통합 소매점이라고 생각하면, 이를테면
'후나이식, 상품 구성법＝정공법 상품 구성법'(졸저《백화점에

대한 제언》스토어즈 발행, 117~121쪽 참조)도 가능하게 됩니
다.

'오 쁘랭땅'으로서 분명한 하이 이미지가 부가된 통일된 이미
지와 목표의 달성을 조사에 의해 도출한 다음, 각 점포를 정공법
에 의해 이익이 나오도록 전략적 방법을 강구하는 것이 옳다고
생각한다.

6) 질문·6──"후나이 선생은, 고객이 결코 기쁜 마음으로
   소매점에 물건을 사러가지 않는다고 했습니다. 그 이유로서
   물건을 사는 심리와 레저를 즐기는 심리는 다르다고도 했습
   니다. 어떤 뜻인지 설명해 주십시오"

나는 1973년 경에 쇼핑은 레저가 아니라는 것을 분명히 알게
되었습니다. 그것은 다음과 같은 결과에서입니다.

1972년 1월, 비즈니스사에서 《소매업 혁명》이라는 책을 내놓았
을 때, '앞으로는 물건이 남아도는 가게가 계속 늘어날 것으로
가게에 손님이 와주기 위해서는 가게 안에 레저적 요소를 만들어
즐겁게 가게에 오도록 하지 않으면 안 됩니다. 일반적으로 손님
을 끌어들이는 레저적 요소에는 음식점이나 영화관 등의 쇼 스페
이스, 혹은 가게 안에 냇물이 흐르게 하거나 분재를 놓거나, 쉴
곳(퍼블릭 스페이스)을 만들거나 하는 심리 전환 스페이스가
있다. 이들을 가게 안에 효율적으로 배치하자'하고 제안했던
것입니다.

나의 이 제안을 받아들여 많은 소매점들은 레저적 요소를 가게
안에 도입해 주었습니다. 그러나 결과는 보기좋게 실패했던 것입
니다.

다만, 이것들을 도입한 소매점은 비교적 대형 점포가 많았는

데, 한편 다른 상품력 강화 등 방법으로 나의 어드바이스가 들어 맞아 각 점포 모두 업적을 신장시키고 있었으므로, '레저적 요소 는 물건 판매에 있어서 마이너스다'라는 결론은 나와 그들 가게 의 사장이나 간부들만의 양해 사항이 되어버려 대대적인 발표는 하지 않았던 것입니다.

그러나 분명히 다음과 같은 것을 알게 되었던 것입니다.

① 점포 안을 적절하게 칸막이를 하지 않고 통하게 하면, 그 주변의 매장 판매 효율이 단번에 나빠진다.

② 음식점 안에서 보이는 쪽의 매장은 아무래도 매상이 오르기 어렵다.

③ 냇물을 흐르게 하거나 벤치를 놓거나, 놀이터를 만들면 주변의 매장 효율이 떨어진다 등입니다.

이것은 소비자라고 하는 생활자가 물건을 산다는 것과 레저를 즐기는 것을 별도의 것으로 의식하고 있다는 것을 나타내고 있습니다. 즉, 물건을 살 때에는 폐쇄성, 밀실성을 조건으로 하는 것에 반하여, 레저는 공개성, 개방성을 조건으로 하고 있는 듯합니다.

이와 같이 생각하면, 밖의 경치가 보이거나 태양 광선이 들어 오는 가게에서는 물건의 매상고가 떨어지고 레저의 범주에 들어 간다고 생각되는 음식점에서는 바깥 경치가 보이고, 개방적인 편이 잘 번창합니다.

여기까지 알게 되었으므로 다음에는 인간의 표정을 조사했습 니다. 레저는 즐기는 것이므로 모두 싱글벙글 하고 있습니다. 그러나 소매점 안에서는 대부분의 손님이 재미없다고 하는 얼굴 을 하고 있습니다.

그래서 다음에 소득·교양 수준과 쇼핑의 관계를 조사했습니 다. 답은 예측한대로 소득 수준과 교양 수준의 향상은 레저 시간을 늘리지만 쇼핑 시간을 감소시킨다고 하는 것이었습니다.

여기까지 말하면 손님은 결코 가게에 기쁜 마음으로 오고 있는 것은 아니라는 것을 알 수 있을 것입니다. 스토어리스 시스템이 손님이 필요로 하는 물건을 원하는 곳에 적당한 가격으로 전해줄 수 있는 것이라면 궤도에 오를 것이라고 판단한 이유이기도 합니다.

이 기꺼이 와주지 않는 손님을 기쁘게 가게에 와주게 하는 방법은 단 하나, 가게 사람과 손님이 인간적으로 친해지는 것입니다. 친해지면 그 사람 앞에서는 폐쇄적인 것도 공개할 수 있게 됩니다. 앞으로는 소매점에 있어서 무엇보다도 손님과의 인간적 밀착이 중요하다고 하는 이유도 이것으로 알 수 있을 것입니다.

어쨌든 백화점 등의 대형점에서는 어떤 방법으로 손님에게 가게에 기꺼이 와주게 하는가 하는 것이 필요합니다. 그 경우적인 레저 요소는 아무래도 없어서는 안됩니다. 그러나 그 결과 물건 판매장의 효율을 떨어뜨리지 않도록, 능숙하게 레이아웃하지 않으면 안 됩니다. 어렵지만 즐거운 과제입니다.

7) 질문 · 7 ── "백화점이나 양판점의 매상이 떨어지게 된 가게에서 리뉴얼이라든가 리모델을 하지만, 전문점을 포함하여 그 대부분의 경우, 오히려 매상이 전보다 떨어집니다. 그 이유는 무엇일까요?"

이것은 소비재 소매업계가 라이프 사이클적으로 보아 사양기에 들어갔다고 하는 점에 최대 이유가 있습니다. 사양기로 들어가면 이미 기존의 이미지는 올라가지 않습니다. 또 새로운 손님도 늘어나지 않습니다. 그래서 사양기에는 될 수 있는 대로 옛 손님이라고 할까, 고객층을 소중히 하지 않으면 안 됩니다.

　성장기나 성숙기에는 개장(改裝)만으로도 새로운 손님이 와주었으나, 지금은 개장하여 아무리 가게를 바꾸더라도 새 손님은 와주지 않습니다. 게다가 개장의 경우, 대개 가게의 이미지를 올리려고 노력하거나 상품을 그레이드 업(grade up) 합니다. 이것은 가게에 오고 있던 옛 손님도 놓치게 되는 것을 뜻하므로 도리어 매상을 떨어뜨리게 됩니다.

　일반적으로 경영 수지상으로, 개장 경비분은 그 뒤 1년 동안의 매상이익 증가와 연결되지 않으면 채산이 맞지 않습니다. 이러한 눈으로 백화점, 양판점의 리뉴얼이나 리모델을 관찰하면, 내가 알고 있는 한, 긴자(銀座) 마쓰야(松尾)만이 성공한 점포이고 나머지는 모두 실패한 듯한 느낌이 듭니다.

　그렇다고는 하지만, 개장에 의하여 종업원이 하려는 의욕이 생기는 것은 좋은 일입니다. 다만 채산이 맞지 않는 것을 알게 되면, 종업원의 하려는 의욕이 시들어집니다. 따라서 충분히 계산한 뒤에, 예컨대 일등 상품을 만들든가, 레저와 물건 판매장을 능숙하게 떼어놓고 나서 리뉴얼, 리모델에 착수해 주십시오.

　상점가 전체의 리뉴얼도 마찬가지인데, 서투르게 하면 아케이드를 만들고 도로는 컬러 포장을 해도 손님의 감소로 매상이 떨어진다고 하는 결과가 됩니다. 어쨌든 지금은 그러한 시대라는 것을 알고 노력해 주시기 바랍니다.

8) 질문·8 ——"양판점이 지금 업적 부진에 시달리고 있습니다. 후나이 선생은 대형점 규제의 결과로 양판점의 업적은 좋아질 것이라고 말했습니다. 그러나 결과는 참담한 것입니다. 또 양판점도 캐싱 서비스나 외판에 나서야 한다고 했습니다. 이 점에서도 모든 양판점은 적자로 곤란을 겪고 있습니다. 선생의 견해와 이유를 가르쳐 주십시오."

대형점 규제가 강화된 결과 양판점이 혜택을 받았고 아마 앞으로는 수지맞는 기업이 될 것이라고 한 나의 의견은 지금도 같습니다.

이미 소매업계에서는 개점하더라도 그것에 의해 이익이 나오는 상태는 아닙니다. 매상은 늘어나도 반대로 이익은 마이너스로 됩니다. 그러나 각 회사 모두, 동업인 다른 가게가 개점하므로 스스로도 개점하지 않을 수 없었던 것입니다. 거기에 개점이 동결되었으므로 원칙이야 어떻든, 좀 생각해 보면 본심으로는 각사 모두 기뻐했을 것입니다. 개점 경쟁을 멈출 수 있다. 게다가 다른 회사도 가게를 내지 못한다. 여기에서는 기존점의 활성화 노하우만 확립된다면, 확실히 이익이 나오게 됩니다. 다만 개점 동결후에 2년 정도가 되지만, 지금으로서는 아직 기존 가게의 활성화 노하우를 확립시키지 못하고 있는 것입니다.

각 양판 기업 모두 한 쪽에서 하이 이미지화, 한편으로 매스 머천다이징 등의 서로 모순되는 정책을 안고 망설이고 있는것이 현상입니다.

나는 대형 소매업의 업적 신장은 이익보다도 매상의 신장만으로 보는 것이 옳다고 생각하고 있습니다.

이런 점에서, 예컨대 금년 4월, 대형 양판점의 전년 같은 달 대비 점포 면적 증가율과 매상 증가율은 다음의 표 20과 같습니다. 이 표와 표 9를 비교해 보십시오.

가즈야(壽屋)만이 뛰어나게 좋은 것을 알 수 있습니다. 1개사라도 모델이 나온 이상 각 사 모두 멀지 않아 노하우를 가지게 될 것입니다.

다만 여기서 한 가지 말하고 싶은 것은, 양판점이라고 하는 업태는 ① 하이테크나 하이터치도 없다. ② 손님을 고정화 시키지도 못한다. 앞으로의 시류에 맞지 않는 업태라는 것을 알지

236

〈표 20 대형 양판점에서 1983년 4월과 전해 4월을 비교한
점포 면적 및 매상증가율

	점포면적 증가율(%)	매상 증가율(%)
다이에	3.6	1.2
이토요카토	9.2	8.7
니시도모 스토어	10.4	6.3
자스코	3.1	5.1
니찌이	0.7	8.5
유니	0.9	△ 3.7
나가자끼야	2.7	2.3
유니드	0.3	3.6
가즈야	10.5	19.8
이즈미야	0.1	5.6
다다미야	7.9	2.0
도큐 스토어	3.5	2.0

않으면 안됩니다.

그 위에, 이제까지 양판점은 메이커, 도매상을 잘 이용하여 이익을 얻어 왔지만 앞으로는 이것이 어렵게 됩니다.

그러나 시류에 맞지 않는다고 하지만, 양판에 오는 고객의 집합에 투철한 노하우가 몸에 익숙하고 서투른 개점만 하지 않는다면, 그리고 나쁜 가게로 스크랩되지만 않는다면 반드시 이익을 얻을 수 있게 됩니다. 이것은 소매업계 전체를 시뮤레이션하면 알 수 있습니다. 그 위에 스토어리스화, 캐시리스화의 움직임과 조화를 이루면 보다 안정되게 됩니다.

물론 이러한 움직임이 뒤늦게 나타나면 이상하게 되고 중견 이상의 양판점에 있어서는 앞으로가 정말로 지혜를 필요로 하는

때일 것입니다.

다음에 양판점의 외판이나 캐싱 서비스는 필요한 일입니다. 다만, 이들 노하우는 정보화 시대의 노하우로 상대가 개개인이므로 공업화시대의 물건 중심 노하우와 같이, 착상만으로 대들면 크게 실패를 합니다. 양판점의 사장들에게는 이 점을 몇 번이나 다짐을 했는데, 이를테면 캐싱 서비스에는 마루이나 소비자 금융기업이 좋은 이익에만 매달려서 단순하게 착수했습니다. 외판도 그렇구요.

예컨대 나의 회사＝일본 마케팅센터에는 캐싱 서비스나 외판에서도 참으로 상세한 컨설턴트가 있습니다. 그러나 그들에게 상담을 하러 온 양판점은 전무에 가깝습니다.

이따금 상담을 하러 와도, 한 두 번 얘기를 들은 것만으로 자기 회사에서 할 수 있다고 생각하여 행동으로 옮겼던 것입니다. 실패하더라도 당연하다고 생각합니다. 지금에 와서는 캐싱 서비스나 외판도 완전한 시스템이 되어가고 있습니다. 돈을 내고 이들 시스템을 이용하게 하는 것 이외에, 지금으로서 이것으로 이익을 올리는 것은 어려운 듯한 느낌이 듭니다. 그러나 어쨌든 캐싱 서비스나 외판에도 앞으로 양판점은 도전하지 않으면 안 될 것입니다.

9) 질문 · 9——"지방 백화점이나 전문점에게 바람직한 앞으로의 현명한 자세는 어떠해야 할까요?"

지방 백화점으로서는, 어느 한 지방에서 백화점이 하는 본업적인 업태를 중심으로 우선 소매업과 같은 업태를 혼합시키면서, 상권 내의 고객 개개인에게 전적으로 대응하고, 시장 점유율을 확장하는 것이 지금으로서는 가장 현명합니다.

그러나 소매업과의 혼합이 불가능하면 하이테크 하이터치 일체화형 스토어리스 시스템을 운영에 조화적으로 활용하면 제대로 살아남을 수 있습니다.

원칙적으로, 지방 백화점 끼리의 운명 공동체 같은 것을 만드는 것이 앞으로를 생각하면 가장 좋으리라고 생각합니다. 이를테면, 일류 메이커가 앞으로는 지방 백화점의 중요성을 깨달아 줄 것이므로 메이커와의 유대관계를 백화점 측에서 능숙하게 하는 것이 필요한데, 현재는 일방적으로 메이커가 우위에 있지요. 매장이 메이커에게 점령당해도 깨닫지 못하고 좋아하고 있는 백화점이 많은 상태이니까요.

물론 여러가지 면에서 지방 백화점들은 노력이 필요합니다. 노력만 하면 본질적으로 좋은 사람이 많아 현재 상태에서 크게 당황할 것은 없고, 지역에서 2등점 이하의 지방 백화점은 힘들겠지만, 1등점인 백화점은 능숙하게 시류를 타고 갈 수 있다고 생각합니다. 그런데 주의하지 않으면 안되는 것은, 서투른 리뉴얼을 하지 말 것과, 거시적인 이론무장으로 스스로를 속박하지 않아야 될 것입니다.

다음에는 전문점인데, 의류점같은 패션성이 강한 가게를 제외하면, 우선 메이커를 잘 활용하고 메이커와 공동 운명체를 만드는 것일 것입니다. 그리고 철저하게 손님을 고정화 하고 접객 판매의 방법을 강구하는 것이 제대로 살아남는 방법이라고 생각합니다.

어쨌든 전문점이면서 무리하게 대량 판매를 추구하는 것은 큰 마이너스가 될 가능성이 있으므로, 체인점의 전개에는 주의가 필요하고 채산성을 계산한 뒤 실행하도록 합시다.

한편, 10년~20년 뒤에는 지방 백화점이나 전문점도 전국적인 정보화 그룹의 일원이 된다는 것을 이해함과 동시에 이 책을 충분히 읽고 대응책을 세우도록 하십시요. 지방 백화점과 전문점들은 역시 강한 의욕과 미래지향적인 자세가 가장 중요하다고 생각합니다.

10) 질문·10——"스토어리스는 정말로 점포 판매보다 싸게 팔 수 있을까요? 경비가 늘어나므로 오히려 비싸게 될 것이라고 생각하는 데요?"

질문하신 뜻을 잘 알겠습니다. 다만 점포가 필요없다고 하면 예약 판매제에 가까워진다는 것, 손님과 완전히 밀착할 수 있다고 하는 등이 스토어리스 시스템에서 물건을 싸게 판매할 수 있는 요인입니다.

그리고 가장 중요한 것은 스토어리스 시스템은 물건 판매업이 아니라 시스템업으로서, 이따금 그 시스템에 물건을 유통시킨다고 하는 것입니다. 원칙적으로 시스템 이용료는 필요하겠지만, 메이커라고 하는 만들어 팔고 싶은 사람과 소비자라고 하는 사고 싶은 사람을 직접 연결하게 되는데, 아마도 상품 유통에 있어서 마진을 취하지 않는 것을 원칙으로 하게 되리라고 생각합니다.

나의 회사=일본 마케팅센터의 스토어리스 지도 그룹이 만든 시산(試算)으로는, 점포 판매보다 매상고 대비에서 2~3% 정도 싼 경비로 운영할 수 있을 것이 아닌가 보고되고 있습니다.

나도 더욱 연구하겠지만, 스토어리스는 고객 지향이라는 것이 틀림없고 신유통혁명의 방아쇠가 되며 주체가 될 것을 분명히 알 수 있습니다.

한번 전향적(轉向的)으로 연구에 나서 보기 바랍니다.

11) 질문 · 11——"후나이 선생이 지금 가장 주목하고 있는 유통기업 혹은 유통그룹 이름과 그 이유를 간단히 가르쳐 주십시요.

무엇보다 소매 기업이나 소매와 관련된 기업에 주목하고 있습니다.

그 하나는 니시다께(西武) 유통 그룹입니다. 니시다께 백화점의 이께부꾸로(池袋)점은 작년 10월에 완성 개점한 식품관이 위력을 발휘하고 있는데, 1982년도의 매상고는 전년비 10% 증가, 제2위인 미쓰고시 본점보다 200억엔이 많고, 매상고에서는 일본 제일의 소매 점포가 되었습니다.

기업이 확장되면 일본 제일을 유지하면서 콩글로머리트(Conglomerate=거대기업, 복합산업)에서 신디케이트(Syndicate)로의 길을 걷는 것입니다. 또 콘체른(Konzern)화 합니다.

그 경우, 유통 그룹에서는 일본 제일의 가게 뿐만 아니라 아무래도 금융기관이 필요하게 되는데, 얼마 전 스타트한 '에이스 파이넌스'는 자본금이야 1억엔이지만, 이것은 니시다께 유통 그룹의 자금 조달 전문 회사이고 조깅(長銀) 그룹이 30% 출자했다는 것은 의미가 크다고 생각합니다. 금융 도매 전문 회사의 출현이므로 나는 크게 주목하고 있습니다.

이 '에이스 파이넌스' 이외에 니시다께 유통 그룹에는 '니스도모(西友) 파이넌스', '미도리야 파이넌스', '니시다께 크레디트', '니시다께 올스테이트 생명보험' 등의 금융기관이 있습니다. 이것은 자타가 공인하는 현실입니다.

그리고 캐시리스 카드 시대가 오는 것에 대응하여 'SAISON(세손)'이라고 하는 다목적 카드 발행이 시작되었는데, 1987년에는 회원 1천만 명의 일본 최대 크레디트 카드 조직을 만들겠다고 말하고 있습니다.

그 이외에, 스토어리스 대응으로서는 우선 첫번째로 이번 가을부터 유선 텔레비전에 착수할 모양입니다. 그것은 선샤인 텔레비전 방송에 자본 투자한 것으로도 알 수 있고 덴덴(電電) 공사의 INS(고도 정보 통신 시스템)나 캡틴즈 시스템(문자 정보 통신 네트워크 시스템)에도 적극적으로 참가하고 있습니다.

메가트로닉스를 이용한 로봇 점포의 개점 계획을 비롯하여 쓰쓰미 기오니(堤清二) 오너의 낭만과 실천력에 뒷받침되고 있는데, 역시 가장 주목하고 싶은 기업 그룹입니다.

이 니시다께 유통 그룹과 마찬가지로 주목하고 있는 것은 다이에 그룹입니다. 나까우찌(中內) 사장도 선견성과 낭만, 실행력에서는 니시다께의 쓰쓰미(堤) 오너와 쌍벽을 이루는 사람인데 역시 보고 있으면 즐겁습니다.

예컨대, 5대 주요 거래은행 사이에서는 금년 11월부터 그룹 단위로 본격적인 펌 뱅킹(Firm Banking)을 도입한다는 것인데, 이것은 장래의 홈 쇼핑(스토어리스), 홈 뱅킹(캐시리스) 시대에 대응한 기초 시스템을 다른 회사보다 빨리 구축할 수 있다고 하는 뜻을 가집니다. 더구나 이 다이에 그룹의 펌 뱅킹은 다이에 그룹에 대한 은행의 캐시 매니지먼트 서비스라고 하는 뜻 이상으로, 다이에의 센터 컴퓨터와 대형 5개 은행의 컴퓨터를 덴덴(電電)공사의 DDX망(새 데이터 통신망)을 이용하여 연결한다고 하는 점에 큰 뜻이 있는 것입니다.

역시 이 두 그룹은 세상을 이끌어 간다고 할까, 멋지게 앞질러 갈 것입니다.

이 니시다께, 다이에 그룹과는 다른 의미에서 아무래도 주목하지 않을 수 없는 것이 이토요카토와 그룹입니다.

　유통기업의 주식 싯가 총액에서, 세븐 일레븐 재팬의 주가가 1만엔을 넘은 금년 6월 13일 시점의 주가를 보면, 1등은 세븐 일레븐 저팬의 약 3,650억엔, 2등이 이토요카토의 약 2,800억엔입니다. 다이에가 약 1,700억엔, 미쓰고시가 약 1,600억엔이므로 이것만 보아도 이토요카토 그룹의 고수익성이라고 할까, 고주가를 알 수 있습니다.

　이 그룹의 특성은 '수지 맞는 것 이외에는 하지 않는다', '시작하기 전부터 철저하게 준비를 하지만, 시작하고 나면 더욱 철저하게 한다'고들 말하고 있지만, 사실상 상식적이고 더구나 시류에 발맞추어 가장 이익을 많이 올린다……고 하는 것에 주목하고 있습니다. 우리들의 입장에서는 재미가 부족하지만, 경영이라고 하는 점에서는 가장 배울 수 있는 그룹입니다.

　이 대형 3사 이외에서는, 엘리트족을 대상으로 생선 식품에서 스토어리스, 캐시리스에 손대기 시작한 '프레시 시스템즈'와, 아직 간또(關東) 지방에서만 영업 지역을 압축하고 있으나, 캐시리스 판매에 혁명을 가져 올 것이라고 생각되는 총합신판(總合信販)에 주목하고 있습니다.

　'프레시 시스템즈'의 시스템은 계산 센터와 개인정보 센터의 네트워크 만들기가 주체(主體)인데, 이따금 거기에 스토어리스로 생선을 유동시킨다고 이해하는 것이 올바른 생각이고, 통합신판의 GC카드는 카드를 뉴캐시화(化) 하여, 현금 사회인 일본에서 현금을 앞장서서 없게 만든다고 말할 수 있으리라 생각합니다. 이들의 기업군이 역시 새 유통 혁명을 이끌어 갈 것으로 전망합니다.

후   기

　이 책은 나에게 있어서 1973년에《유통혁명의 진실》을 내놓은 이후 오랜만에 쓴 통합적인 유통 전문서이다. 그동안 나는 해마다 2~3권의 비율로 저서를 세상에 내놓았다.

　이들 저서는《인생 오류의 책》,《후나이 유끼오의 신경영혁명》,《성공론》,《80년대 번영의 전략》등의 일반 경영서가 주체였다. 물론 이동안에《유통 대전쟁》,《소형점의 시대》,《백화점에 대한 제언》등의 유통 전문 저서도 내놓았으나, 그것들은 편저서이거나, 각종 신문이나 월간지에 실렸던 것을 정리한 것이므로, 통합적인 유통 도서는 아니었다.

　생각해 보면 나는 인과(因果)적인 사업를 하고 있는 셈이다.

　경영 컨설턴트라고 하는 것은 유명해지면 할 수 없는 장사이고 그렇다고 해서 너무 무명해도 안된다. 여러가지를 알고 있지 않으면 안되지만, 알고 있는 것을 발표할 때는 충분한 주의가 필요하다. 가능하면 발표하지 않는 것이 좋은 직업이라고 할 수 있다. 그렇다고 해서 무엇이나 모른 척하고 전문 분야에서 현실과 거리가 먼 이론이 통하고 있는 것을 가만히 보고 침묵할 수도 없다.

　이같은 직업상의 속박을 최근 5년 동안 저서 속에서, 부분적으로는 유통업계에 대해서 조금 언급했던 것인데, 이것이 통합적인 유통 전문서를 쓰는 것을 주저해 온 이유이다.

어쨌든 나는 지금도 유통업계에서는 상당히 이름이 알려져 있고, 사실 유통업계에 관해서 책을 쓰기에는 너무나 알고 과분한 것 같기도 하다.

그렇지만 이제 침묵할 수는 없다……고 생각한다. 이대로 나가다가는 나를 키워 준 유통업계, 내가 가장 사랑하는 유통업계가 멀지 않아 틀림없이 햇빛을 못 받는 업계로 전락한다. 그런데도 일부 유통업계인을 제외한 대부분의 사람들은 아직 이러한 위기를 깨닫지 못하고 있는 것이다.

일반적으로 그 업계가 사양화 할 때는 그 업계로부터 사람이 다른 업계로 유출되어 간다. 바야흐로 유통업계는 상사(商社)와 더불어 제3.5차 산업이나 제4차 산업에의 인재 공급원이 되어 가고 있다.

또 시류에 맞지 않게 되면, 그 시대에 처음 관심을 가지려는 초심자나 뒤떨어지는 사회적인 낙오자들을 대상으로 하는 마케팅이 불가능하게 되고 엘리트 대상의 장사만이 경영 채산을 맞출 수 있게 된다. 이 점에서도 유통업계는 참으로 시류에 적응하지 못하고 있고, 사양화의 길을 달리고 있다고 할 수 있다.

그러나 이제라도 유통업계가 세상의 변화에 대해 대응책을 세우면 아직은 충분히 시간이 있고 얼마든지 변화를 극복할 수 있다. 이 책에서 기술한 바와 같이 지금이 마지막 기회라고 할 수 있을 것 같다.

더구나 능숙하게 대응하면 유통업계 전체뿐만이 아니라, 개개의 유통기업이나 점포들도, 화려한 미래가 기다리고 있다.

이 책은 이러한 뜻에서 나의 어쩔 수 없는 느낌과 책임감이

쓰게 만든 것이다.

경영 컨설턴트의 입장에서 볼 때는 표현하는 범위를 벗어났는지도 모르지만, 감히 대담하다고도 할 수 있는 유통업계의 장래 예측을 포함하여 '내일의 유통업계'를 내가 아는 범위, 게다가 쓸 수 있는 범위에서, 더구나 솔직하게 써보았다.

이 책이 일본의 유통업계 뿐만 아니라, 경제 전체의 활성화에 조금이나마 도움이 된다면 저자로서는 그 이상 바랄것이 없다.
독자의 가르침과 비판을 기다린다.

저 자

저자약력━━━━━━━━━━━━━━

- 1933년 오오사카에서 출생. 교토대학 졸업.
- 일본 산업심리연구소 연구원. 일본 매니지먼트협회 · 경영 컨설턴트. 경영지도부장 이사 등을 거쳐 1970년 (주) 일본 마아케팅센터 설립.
- 현재 후나이그룹(후나이총합연구소) 총수
- 경영 컨설턴트로서는 세계적으로 제1인자. 고문으로 있는 기업체만도 유통업의 과반이 넘는 대기업체를 중심으로 약 1,300사. 지난 10년간 후나이의 지도로 매상이 90배 이상, 이익이 180배 이상 성장한 기업은 100개사 중 60개사로서 그 중 도산된 회사는 하나도 없음.
- 주요저서 〈성공의 노하우〉〈인간시대의 경영법〉〈성공을 위한 인간학〉〈21세기 경영법칙 101〉〈패션화시대의 경영〉〈매상고 향상 비법〉〈베이식 경영법〉〈신유통 혁명〉〈유통업계의 미래〉등 다수.

개정판 2021년 9월 30일
발행처 서음미디어(출판사)
등록 2009. 3. 15 No 7-0851
서울特別市 東大門區 新設洞 114의 7
Tel 2253-5292
Fax 2253-5295

企　劃
李 光 熙
發行人
李 光 熙
著　者
船井幸雄
編　譯
最高經營者硏究院
Printed in korea
정가 15,000원